古典文獻研究輯刊

八 編

潘美月・杜潔祥 主編

第 1 冊

八編總目

鮑廷博《知不足齋叢書》之研究

蔡斐雯 著

國家圖書館出版品預行編目資料

鮑廷博《知不足齋叢書》之研究／蔡斐雯 著 — 初版 — 台北
縣永和市：花木蘭文化出版社，2009〔民 98〕

目 2+132 面；19×26 公分
（古典文獻研究輯刊 八編：第 1 冊）

ISBN：978-986-6528-31-6（精裝）
1.（清）鮑廷博 2. 叢書 3. 學術思想 4. 研究考訂
082.4   97025835

ISBN - 978-986-6258-31-6

古典文獻研究輯刊
八 編 第 一 冊   ISBN：978-986-6528-31-6

鮑廷博《知不足齋叢書》之研究

作 者 蔡斐雯
主 編 潘美月 杜潔祥
總 編 輯 杜潔祥
企 劃 出 版 北京大學文化資源研究中心
出 版 花木蘭文化出版社
發 行 所 花木蘭文化出版社
發 行 人 高小娟
聯 絡 地 址 台北縣永和市中正路五九五號七樓之三
         電話：02-2923-1455／傳真：02-2923-1452
網 址 http://www.huamulan.tw 信箱 sut81518@ms59.hinet.net
印 刷 普羅文化出版廣告事業
初 版 2009 年 3 月
定 價 八編 20 冊（精裝）新台幣 31,000 元

八編總目

編輯部　著

《古典文獻研究輯刊》八編　書目

《八編》各書作者簡介・提要・目錄

第 一 冊　鮑廷博《知不足齋叢書》之研究

作者簡介

蔡斐雯，1990 年畢業於台灣大學歷史學系，1995 年畢業於台灣大學圖書館學研究所，目前服務於大學圖書館。

提　要

清代的學風樸實、重校勘，反映在書籍的刊刻上，使當時所刊印之書一改明代刻書任意刪改之必弊。因而，也使得清版書於研究參考之價值較明版為高。

彙刻叢書為清代私家刻書之主要特色，鮑廷博為清朝乾嘉時期著名的藏書家（1728-1814），曾因獻書四庫館量多且質精之故，受乾隆賜《古今圖書集成》一部。而後鮑廷博以其家藏珍鈔舊刻及時人著作，彙刻為《知不足齋叢書》。

《知不足齋叢書》以罕見不傳及流傳偽誤而待重刊的典籍為選擇的標準，收書三十集共兩百零七種，歷時乾隆、嘉慶、道光三朝才得以完成。因具有輯刻珍罕典籍、內容廣博實用、首尾完善、序跋不遺、精校精刻等主要特點，其於學術上能刊正傳本訛誤、提供史地及版本研究重要資料；於文化上則使珍罕本及當世著作得以流傳。可說為叢書刊刻提供良好的典範，不但嘉惠於士林，更因而帶動清代叢書刊刻的風潮。

經實際查看目前臺灣地區各圖書館中所得見之《知不足齋叢書》，可歸納有初刻、嘉慶道光補刊及嶺南重刊等三個版本，各版本之序跋文多寡不一，校改、校補之記亦不盡相同。

現今圖書館存藏《知不足齋叢書》以之中國大陸地區最多，約三十八套，日本地區可考者約有十三套，臺灣地區可考者有九套。影印本則以民國十年上海古書流通處具鮑式家藏本爲底所影印之影印本爲主，其餘均係以此爲底本再行影印。

目　次

第 二 冊　《古今圖書集成‧經籍典》體制研究

作者簡介

　　詹惠媛，1980 年出生於臺灣省臺北縣，1999～2003 輔仁大學中國文學系學士，2003～2008 輔仁大學圖書資訊學研究所碩士。碩士論文階段以研究《古今圖書集成》之故，期間對清朝宮廷藏書、典制沿革、學術文化多所關注，對歷代史志、官簿、私錄及類書相關研究論著亦能廣泛研讀，係以圖書文獻

學、目錄學、類書研究爲學術志趣方向。主要著作：1.「『人生似幻化，終當歸空無』──老子生死智慧管窺」（學士論文），2.「《古今圖書集成‧經籍典》體制研究」（碩士論文），3.「《古今圖書集成》研究回顧（1911～2006）」（《漢學研究通訊》27 卷 3 期）。

提　要

　　《古今圖書集成》纂輯於康熙中晚期、成書於雍正朝，係清朝圖書史上之代表性文化工程，主要反映清初康熙盛世知識世界之宏觀全景，與其後乾隆朝叢書《四庫全書》之纂修同具里程碑意義。在結構特性上，《集成》爲「類分型」類書之代表，設立經目、緯目，縱橫交錯，其體例編制之完善賅備，造就古代類書之典範、總結地位；其中《集成‧經籍典》爲該類書之一部居，又本身涵具書目性質，故該典實可視爲一部以類書分類思維纂輯之書目，編制方法獨樹一格，與傳統圖書目錄迥異。本文之撰述，即以探討《集成》──尤以《集成‧經籍典》爲主體，著重目錄學議題之析論，實際深入文獻內部進行探究，以闡發《集成》暨《集成‧經籍典》奧博而精、縝密而宜之體式結構特徵。

　　本文於開端主要利用近人研究成果並參酌有關史料文獻，著力於梳理《集成》版本、編纂、形制方面之總體概況，再則分別就《集成》與《集成‧經籍典》探究其前承於諸書之體式淵源，進而將《集成‧經籍典》所涵攝之書目體制特質彰顯開來，或探其著錄形式、引文義例、按注作用，或考類書之經籍部類沿革，或勘其與傳統簿錄之異，要以「類書暨書目」纂輯體式之結合探討，內化爲貫穿全篇之研究主軸。最末，本文企盼由文獻研究、史學研究、文化研究三大方向獲致開展線索，藉他山之石，展望未來對於《集成》後續研究之可行作法，是爲本文潛心探究之向度。

目　次

第三、四、五冊　紅樓夢版本研究

作者簡介

　　王三慶：1949 年生於台灣高雄縣南端的小漁村，私立中國文化大學中文研究所國家文學博士。曾任該所講師兼助理、教授兼所系主任、日本天理大學中文學科交換教授、成功大學中文系教授兼文學院院長、通識中心主任及特聘教授等職，並赴東京大學東洋文化研究所及京都大學人文科學研究所研究。專研文字聲韻、中國古典小說及域外漢文小說、敦煌文獻之類書、書儀及齋願文等應用文書。本書乃為 1980 年博士學位論文。

提　要

　　本篇凡分五部分，以上、中、下篇為主。

　　上篇著重於八十回抄本系統研究，專事各本之流傳及形式異文之討論，如「凡例」、「回目後評」、以及有意增刪的特殊異文和無意識的重文、脫文等，藉以考見現存過錄本所用的底本行款及其因革、失真現象、抄手程度的高低和過錄次數等。更從諸本在非同一時空和抄手的條件下卻共同出現重文或脫文，進而斷言各本間關係若非父子即是兄弟，如己卯、庚辰或戚本、蒙府、脂南本等即屬此類。至於甲戌本因據脂硯齋藏本過錄，年代最早，底本較好，過錄次數及變動最小；而庚辰本白文卻呈現晚出的現象，反而擺字的程甲乙本，失真率低，似乎所用底本若非較早較好便是經過刻意的校勘。

　　中篇是「乾隆抄本百廿回紅樓夢稿」的專題討論，凡就行款格式、筆跡、脂評、回目、正文、抄寫性質、和程高的關係，以及抄寫成書的年代等進行深入分析，並且斷言該書性質，絕非根據刻本校改，而從旁改、附條、清本部份和校改程序、筆跡分佈或版口問題來看，足以證明根據程本校改的說法難以置信，因此較為合理的解釋：它是程本前一個過渡的稿本，非程本底稿的原樣，其第六七回、後四十回以及改文部份為程本取用者不少。

　　下篇則含括所有活版及刻本的研究。尤其著重程本的刊行次數及刊刻地點的討論，並根據木活字的特性提出判讀程本的異版方法，又以「武英殿聚珍版程式」，檢討程本當年擺書的經過和流傳中各種可能發生的問題，以至於才有多版印刷的錯誤認知。

目 次

第 六 冊　董仲舒《春秋繁露》與緯書《春秋緯》之關係研究

作者簡介

　　黃國禎，雲林縣斗六市人，民國 59 年生，國立中正大學中文系，心理系雙學位，民國 89 年 6 月東海大學中文研究所畢業，碩士論文「《春秋繁露》與緯書《春秋緯》之關係研究》」。現就讀東海大學博士班。現亦任教仁德專校，一面任教，一面進修。於任教期間，亦曾發表論文於本校之學報，對於研究工作從未間斷。

提　要

　　第一章〈緒論〉，主要說明本文寫作背景及組織架構，共有兩節：第一節說明本文研究動機與研究目的；第二節說明本文研究法與研究範疇，藉由這兩節的說明，以對本文有最基本的認識與瞭解。

　　第二章〈董仲舒其人與其書〉，主要就董仲舒本人及其思想做說明，共有兩節：第一節就董仲舒的生平及其著作，做簡要的說明與介紹，以對董仲舒有所認識；第二節就《春秋繁露》的思想內涵，做全面而有系統的分析，以對《春秋繁露》有所瞭解。

　　第三章〈緯書與《春秋緯》〉，主要說明緯書與《春秋緯》的思想內涵，共有三節：第一節辨析緯書與讖書在本質上的不同，以釐清讖書與緯書的角色；第二節就緯書的內容做梗要的說明與介紹，以對緯書有所認識，並由此

瞭解緯書思想的主要源頭；第三節就本文研究對象《春秋緯》的篇題做解析，以瞭解《春秋緯》的內涵。

第四章〈《春秋繁露》與《春秋緯》中的異文現象〉，就兩者的內文做比較與分析，以論證兩者在思想內容上的相承關係，共有三節：第一節分析《春秋繁露》與《春秋緯》在說解經文的內文思想上有何同、異之處；第三節就分析《春秋繁露》與《春秋緯》在體現天人感應的內文思想上有何同、異之處；第三節就分析與比較的結果，總論兩者思想相承的關係。

第五章〈從《春秋繁露》與《春秋緯》看古代的天人感應觀〉，主要論述天人感應在古代的發展過程，以爲《春秋繁露》與《春秋緯》的天人感應思想，求得明確的立足點，共有四節：第一節論述西周時代的天人感應觀；第二節論述春秋時代的天人感應觀；第二節論述戰國至秦漢之際的天人感應觀；第四節論述天人感應的發展，集大成於《春秋繁露》與《春秋緯》。

第六章〈《春秋繁露》與《春秋緯》對兩漢思潮的影響〉，主要論述天人重災異與祥瑞，並且在政制上，也受到五德終始的影響；第二節就社會上的影響，造成儒者好言災祥的風氣，但在東漢，卻引發一場反讖緯、反迷信的思潮。

第七章〈結論〉，總述《春秋繁露》與《春秋緯》的時代關係與歷史意義，並以評論兩者在歷史上的地位與評價作結語。

目　次

第七冊 《五經大全》纂修研究

作者簡介

陳恆嵩（1960～），生於台灣省雲林縣。東吳大學中國文學研究所博士。曾任亞東工專講師、副教授，現任東吳大學中國文學系副教授。主要從事《尚書》學、經學史、圖書文獻學研究。著有《明人疑經改經考》、《五經大全纂修研究》等。編輯有《經學研究論著目錄（1912～1987）》、《經學研究論著目錄（1993～1997）》、《四庫全書藝術類索引》；校點有《國立中央圖書館善本序跋集錄（經部）》、《經義考點校補正》等。近年來陸續主持國科會補助之專題研究計畫有：「詩經著述現存版本目錄」、「三禮著述現存版本目錄」、「春秋三傳著述現存版本目錄」、「四書著述現存版本目錄」、「宋代《尚書》帝王學研究——宋代經筵《尚書》講義之研究」、「明代《尚書》帝王學——《尚書》經筵講義之研究」等案。

提　要

明成祖藉「靖難」奪取政權，大肆殺戮反對者，造成士子惶懼不安，為求安撫其心理，遂效法唐太宗、宋太宗之故技，藉纂修典籍以博取「稽古右文」的美名，亦藉此消除士人對其篡位之舉的普遍反感心理。《五經大全》即為當時特殊政治目的而編輯的卷帙龐大的典籍之一。明成祖於永樂十二年十一月命儒臣胡廣等採集《五經》的傳注彙為一書，《五經大全》（《周易傳義大全》、《書傳大全》、《詩傳大全》、《禮記集說大全》、《春秋集傳大全》），係參考宋、元儒者的舊有經籍編輯而成。並將其作為士子科舉考試的標準範本，影響明代學術甚鉅。然前人屢言其書係「就前儒成編，雜為抄錄，而去其姓名」而已，「雖奉旨纂修，實未纂修也」，迭遭學者們嚴厲批評。為求瞭解《五經大全》纂修時的取材來源，及其對明代學術風氣的影響，探究其編纂取材資料與宋元儒者經學著作的關係，唯有徹底核實比對纂修相關文獻才能釐清勦襲的實際情形。根據實際核對統計得知，《周易傳義大全》編纂是以董真卿的《周易會通》為底本，而輔以胡炳文的《周易本義通釋》一書而成。《書傳大全》取材主要是以董鼎《書蔡氏傳輯錄纂註》為參考底本，另兼採陳櫟《書蔡氏傳纂疏》、吳澄《書纂言》等書經說資料作輔助。未嘗參考元人陳師凱《書蔡氏傳旁通》的資料，前人指抄襲陳師凱《書蔡氏傳旁通》一書的講法，實際是錯誤的。《詩傳大全》則以劉瑾的《詩傳通釋》為參考底本，《禮記集說

大全》係以宋人衛湜《禮記集說》一書爲本進行刪削損益而成，前人認係抄襲元人陳澔《禮記集說》一書及宋元儒者四十二家的說法，實際上是未經檢證的錯誤說法。《春秋集傳大全》以元人汪克寬的《春秋胡氏傳附錄纂疏》爲底本進行刪飾而成。前代學者如顧炎武、朱彝尊、《四庫全書總目》等所有的說法，都不甚完全，有需要加以修正。《五經大全》的係博采宋、元儒者的經說，「集諸家傳注而爲《大全》」，成爲宋、元諸儒經注的彙編，搜羅廣博，資料宏富，宋、元儒者的經說資料，因被《五經大全》的採錄而被保存，其採錄的經說內容可提供後世學者輯佚及校勘之用。《五經大全》的出現，標幟朱學統治時代的來臨，藉此也反映出朱子學術在明、清兩代發展的面貌。由此而言，《五經大全》在學術發展上仍然有其相當的價值存在。

目　次

第 八 冊　《後漢紀》校考與袁宏之史學及思想

作者簡介

卓季志，1974 年生，臺灣臺北縣人。臺灣東吳大學政治學系暨歷史學系畢業，中興大學歷史學系碩士班畢業。現任教於臺北縣私立樹人家商。

提　要

今本《後漢紀》是一部尚稱完整的斷代史文獻，此書早於范曄的《後漢書》成書問世，從研究後漢史的立場來看，應有重於《後漢書》的史料價值性。可是《後漢紀》歷經一段被輕忽的時期後，雖然現今存本大致上完整，但是內容已有些許脫誤，而且史事記載也與他書有諸多殊異。本文研究從《後漢紀》的內容重新審定這部歷史文獻對於後漢史的史料價值，並且檢視袁宏編撰這部史著在中國史籍編纂學與史學史上所蘊含的意涵，分析其指導撰史的思想意念，以對《後漢紀》與作者袁宏有整體而深度的認識。

根據本論文研究的主題與方向，按史料、文獻的內容分類，由核心向外分別爲「各本《後漢紀》」、「其他古籍相關史料」、「《後漢紀》的校勘與研究」、「袁宏相關研究」、「中國傳統史學與思想相關論著」及「其他相關文獻」等等。研究《後漢紀》得與相關的其他古籍文獻相互參校，以核對或補正史事的內容，從而找出《後漢紀》記載的獨特之處。至於與袁宏相關之研究、與中國傳統史學及思想相關的論著，以及其他相關的文獻等等，藉資前人研究成果輔助本論文更精確地探索《後漢紀》的價值與意義。

研究方法上，首先運用文獻學方法探討《後漢紀》的傳行與其史料價值，對《後漢紀》所記載的後漢史事作全面性的分析後，再進一步深入探討其內在意涵，如史籍創作的條件、作者運用的方法，甚至作者的創作思維及思想蘊含等。在探討這部史籍以上的諸多面向，採多種研究方法交互運用，以歷史研究法爲核心，研究過程中時時善用分析方法與綜合方法，再佐以歷史比較方法與心理分析方法。

本文以《後漢紀》爲研究主體，從中國史部文獻發展史的角度切入，探討一部史籍的傳世與價值。蔣國祚、陳璞、鈕永建等清代學人，以及近人周天游、張烈等皆已致力於此書校考工作，筆者藉助前人的成果，進一步分析《後漢紀》所記載的史事，探討這部後漢斷代史籍的文獻價值。接著，筆者從中國傳統史學發展史的角度，討論到東晉時期如何誕生一部編年後漢史，從《後漢紀》裡找出魏晉史學的元素，檢視《後漢紀》中的史學內涵，以及身爲一時文宗而著史的袁宏其史學素養的層次。最後，則再深入作者的思想層面，從《後漢紀》中探索作者袁宏所灌注其中的思想，甚至將觸角延伸至

魏晉整個時代思想觀念的影響因素。

目　次

第 九 冊　《綠野仙踪》研究

作者簡介

　　陳昭利，文化大學中國文學研究所畢業，現任桃園縣萬能科技大學通識教育中心副教授。專著有《歷史與宗教──明清演史神魔之戰爭小說研究》、《孫臏小說研究》，另有單篇論文：〈從「視點中的敘述性別」比較元稹《鶯鶯傳》與鍾玲《鶯鶯》的不同〉、〈古典小說的重讀與詮釋：探討馮夢龍《崔待詔生死冤家》與鍾玲《生死冤家》的不同〉、〈自我與情欲交織的女性世界──論鍾玲《生死冤家》的陰性書寫〉、〈以「笑容」包裝死亡的鄉土小說作家──黃文相研究〉、〈離散、敘述、家國──論黃娟及其《楊梅三部曲》〉。

提　要

　　李豐楙先生著《六朝隋唐仙道類小說研究》一書，云仙道類小說分為兩類：一為紀錄、傳述有關仙真傳說的筆記小說；另一類則指道教思想影響下所形成的作品。清人李百川《綠野仙蹤》便屬後者。它兼具文學與宗教兩種特質，本文之研究掌握此一原則。共分為四章討論：

　　第一章介紹作者成書動機、經過及生平事蹟，其次介紹版本概況，並以北大出版的百回抄本及台北天一書局的八十回本為主，討論版本內容的客觀差異及比較其文學成就。

　　第二章探討《綠野仙蹤》的時代背景，掌握本書「虛實參半」的特質，分別探討忠奸集團的歷史人物，在小說中的藝術特徵，並透過忠奸集團的抗衡，凸顯本書「勸善懲惡」的文學教化功能。

　　第三、四章是道教思想介紹，以煉丹的理論、煉丹的過程及煉丹的境界，

分析內丹修煉的義理，並說明小說內容雜引各道派之經典出處，以指明此一通俗小說內丹思想的特色。外丹的效用則偏重在意涵及功能的探討，因其沒有內丹修煉的過程來得複雜，但又爲修仙過程不可缺乏之要件，故附於內丹修煉一節之後，藉此亦可比對內、外丹的差異。法術的特色，除討論法術之意涵，並以史料、道書等文獻，探討法術的類別。渡脫思想，則論述本書渡脫之意涵。成仙之道揭示內丹、外丹、法術、渡脫四者之相關性，以明《綠野仙蹤》成仙之主旨。渡脫思想中的人物，則個別探討冷于冰及六弟子的性格特色及修道歷程。

目　次

王構《修辭鑑衡》研究

作者簡介

　　魏王妙櫻，東吳大學中國文學博士，現任德霖技術學院通識教育中心專任副教授。撰有博士論文：《曾鞏文學與北宋詩文革新運動》（指導老師：國立臺灣師範大學王更生教授，臺北‧花木蘭文化出版社出版，西元 2007 年 9 月，ISBN：978-986-6831-33-1）一書，並發表〈曾鞏之古文理論〉（《第三屆中國修辭學國際學術研討會論文集》，中國修辭學會、中國語文學會、銘傳大學應用中文系、所主編；《修辭論叢》第三輯，臺北洪葉文化公司印行　中華民國九十年六月一日）、〈王構之散文修辭理論〉（《第四屆中國修辭學國際學術研討會論文集》，中國修辭學會、輔仁大學中國文學系主編；《修辭論叢》第四輯，臺北洪葉文化公司印行，中華民國九十一年年五月十九日）、〈劉勰文心雕龍知音論〉（《西元 2004 年文心雕龍國際學術研討會論文集》，中國《文心雕龍》學會，中國廣東深圳大學文學院出版，西元 2004 年 3 月 28 日）、〈自上樞密韓太尉書論蘇轍之古文理論〉（教育部第二梯次「提昇大學基礎教育計畫」，「文學與人生」系列師資培訓——《「閱讀文學」學術研討會論文集》，主辦單位：德霖技術學院通識教育中心，指導單位：教育部，中華民國九十三年五月二十二日）、〈21 世紀大學通識教育的深化方法——人文精神如何融滲專業課程〉（作者凡三人，本人列於第二位。《雲大學人參會交流文集》，「海峽兩岸大學文化與教育創新學術研討會」，雲南大學主辦，雲南大學高等教育學院出版，西元 2004 年 5 月 10 日；《通識天下　素養人生》，雲南大學出版社，西元 2004 年 11 月）、〈論曾鞏與歐陽脩、王安石之關係〉（《嶺東通識教育研究學刊》，嶺東技術學院——現已改制嶺東科技大學通識教育中心出版，中

華民國九十四年一月一日）、〈劉勰文心雕龍定勢論〉（《楊明照先生學術思想暨文心雕龍國際學術研討會會議論文集，四川大學、重慶師範大學等主辦，西元 2005 年 6 月》）〈曾鞏古文之題材特色〉（《文心永寄》，《楊明照先生紀念文集》，四川出版集團‧巴蜀書社出版，西元 2007 年 3 月）、〈蘇轍作品考述〉（《經學研究論叢》第十五輯，台灣學生書局初版，西元 2008 年 3 月）、〈多元化社會與多元化民族文化-以加拿大爲例〉（《德霖技術學院第二屆「文學與社會論文研討會」論文集》，德霖技術學院通識中心國文教學小組主辦、印行，西元 2008 年 10 月 30 日）等論文。

提 要

中國歷來專講文法修辭之著作而爲後世足稱者甚夥，元王構《修辭鑑衡》允爲我國以「修辭」名書之嚆矢、學者研究修辭之借鏡，更是當今研究詩文理論者不可忽視之著述。然以代久年淹、學出多門，是書已久不受人重視；因勉竭駑鈍、撰成本文，用發先賢之幽光。

本文計分七章：第一章緒論，第二章王構之生平事，第三章《修辭鑑衡》成書之背景，第四章《修辭鑑衡》之板本，第五章《修辭鑑衡》之內容闡要，第六章《修辭鑑衡》之引書引說，第七章結論。各章篇幅，多寡頗爲懸殊者，蓋以意有所偏重故也；而第五、六章寔本文重心所在。闡述是書內容時，參綜博考、披沙揀金、鉤玄提要、闡其精義，分論詩、論文二部分敘述；要而言之，其說乃在論詩文之本原與詩人文人之修養、詩文之體製與類別、詩文之作法、詩文之批評，其中復以作法、批評爲重，足可代表有元一代之修辭論與批評論。因是書踵繼前人，述而不作，王氏本人又深得著述家之道德，不乾沒前人成就，於各條引文下多注明出處，故稽考是書之引書引說，乃勢所必然；今分詩話、說部集部二類，就其書尚存與現所傳爲節本或輯佚本者考之，以明王氏思想之取向、工力所在、寫作態度及評論準的。

大道湮沒，後學之恥！倘此一衡文龜鑑能因本文之作而引起學者廣泛重視，則余之所以兀兀窮年，竭此棉力以成之者，亦可以稍慰耳！

目 次

書 影

第 十 冊　《爾雅》與《毛傳》之比較研究

作者簡介

盧國屏，1962 年生。學歷：國立政治大學中國文學研究所博士，現職：淡江大學中國文學系、漢語文化暨文獻資源研究所專任教授；中國淮南師範學院終身特聘教授。曾任淡江大學中文系主任、中華民國漢語文化學會理事長、加州大學沙加緬度分校（California State University , Sacramento）研究教授。專業領域與歷年授課範疇：文字學、聲韻學、訓詁學、漢語文化學、國際漢語教學、語言政策規劃等。

提　要

《爾雅》與《毛傳》二書之間所存在的爭議，約而言之有三：一為成書先後之爭議；二為依傍援引之爭議；三為《爾雅》是否依傍《毛傳》釋《詩》之爭議。宋以前學者多憑歷史文獻與舊說，以《爾雅》為先秦之書，早於《毛傳》，而《毛傳》有取於《爾雅》以成書；宋、明儒則多舉《爾雅》訓例與《毛傳》同者，以謂《毛傳》早於《爾雅》，《爾雅》乃依傍《毛傳》成書。後世學者對漢、宋說紛論不斷，贊成、反對者皆有，而二書令人疑惑不解的關係，也就沿流至今。

本文於是秉持「回歸原典」、「以自身材料解決自身問題」之研究理念，

收集二書相關訓例計七七二條，以文字、訓釋、意義三大方向，作縝密的比較、考證，期望能解決下列七大問題：一、考察《爾雅》與《毛傳》全面相關之訓例；二、考察《爾雅》是否依傍《毛傳》成書；三、考察《爾雅》成書年代及與《毛傳》之先後；四、考察《爾雅》是否爲釋《詩》而作；五、考察《爾雅》訓詁材料之來源；六、考察《爾雅》之成書性質；七、考察早期訓詁狀況與成果。

經全文九章、十八萬字之比較研究，最後得出三大結論：一、《爾雅》非依《毛傳》成書；二、《爾雅》早於《毛傳》之可能性較大；三、《爾雅》與《毛傳》成書性質各異。

目　次

第十一、十二冊 陳振孫之生平及其著述研究

作者簡介

何廣棪・字碩堂，號弘齋，香港新亞研究所文學博士。歷任香港大專院校教職，現任臺灣華梵大學東方人文思想研究所教授，博士生導師。篤好中國傳統文獻學，於南宋著名目錄學家陳振孫及其《直齋書錄解題》最所究心，早獲海內外學壇關注與延譽。作者除著有本書外，另版行《陳振孫之經學及其〈直齋書錄解題〉經錄考證》、《陳振孫之史學及其〈直齋書錄解題〉史錄

考證》、《陳振孫之子學及其〈直齋書錄解題〉子錄考證》。而所著《陳振孫之文學及其〈直齋書錄解題〉集錄考證》與《陳振孫綜考》二書仍在整治增訂中，將於不久刊行面世。

提　要

　　本書乃研究南宋著名目錄學家陳振孫之生平及其著述之專書，初於民國八十二年（1993）由臺北文史哲出版社出版，近經詳加增訂，認眞校正，乃予再版。書凡五十萬言，分七章，遍考陳振孫之先世與籍貫、仕履與行誼、戚友與交游，另深入探討其專書《直齋書錄解題》，及《白文公年譜》、〈華勝寺碑記〉等十三種論著，並進行佚書、佚文之蒐求與評說。書中附有〈直齋先世及吳興陳氏世系表〉、〈陳振孫生卒年新考〉、〈陳振孫著述年表〉、〈陳振孫《張先十詠圖跋》圖錄〉等。全書穩握主題，鋪陳章節，論說周延而有條貫，資料富贍，考證確鑿，且多所發明，較之並世老輩陳樂素、喬衍琯等之研究成果，早經突破，且遠爲超邁。近日南京大學中文系武秀成教授撰成《陳振孫評傳》，（收入南京大學出版之《中國思想家評傳叢書》）及安徽大學歷史系張守衛教授撰成〈陳振孫著述考略〉，（發表於安徽大學《古籍研究》2007・卷上，總第 51 期）武、張二君之撰有所論述，多從本書取資。

目　次

上　冊

第十三冊 《老子》王弼注校訂補正

作者簡介

李春，國立台灣師範大學碩士

主要著作：

已出版：《老子王弼注校訂補正》

《老子反語串解》

撰寫中：《老子之鑰——「若反」「正言」析詮》

《莊子之鑰——「弔詭之言」析詮》

提 要

◎詮釋策略

以「若反」之「正言」（七十八章）為基礎，本乎「無為」之精神，運用「語意學」之方法，推尋其具體意涵。（詳見七十八章「正言若反」「正」）

◎詮釋準備

一、歸納「若反」「正言」之類型，分析各類型之特質。

二、確立「若反」「正言」之詮釋通則、各類型之詮釋要則。

三、建構老子核心思想、思想體系、修德應世之方。

◎主要觀點

一、「若反」「正言」之類型：

　　（一）無不、希晚＋正面詞。

　　（二）似若、正面動詞＋反面詞、反面事物。

　　（三）反面詞、反面事物。

　　（四）正面動詞＋外物、別人。

二、「若反」「正言」之詮釋通則：

　　（一）以「無爲」態度解讀。

　　（二）掌握其語用方向

　　（三）掌握其語法邏輯

　　（四）掌握其語意基點。

三、核心思想：

　　「道生之，德畜之，物形之，勢成之。」（五十一章）「人」乃萬物之
　　　一而已，應遵「道」貴「德」、因「物」任「勢」。唯人多「妄作」
　　　（十六章），須「復」（十六章）「反」（同「返」，四十章）如始「化」
　　　（三十七章）之「有」（一章），乃爲「常」（十六章）。

四、應世三部曲：

　　（一）「觀」（五十四章）以知「勢」。

　　（二）「無心」以「孩」（同「晐」，四十九章）兼萬有。

　　（三）「無爲」（三十七章）以因任。

目　次

第十四、十五冊　《曲江集》校釋與評論

作者簡介

　　徐華中，祖籍浙江松陽，出生於臺灣屏東市。現任國立勤益科技大學專任副教授。主要研究領域在古代文論、詩學、現代文學、書法。出版專著有：《何焯詩評之研究》、《初唐詩學論集》等。並編著《現代小說精讀》、《應用文》、《大專國文選》等大學教材，已發表單篇學術論文〈傅山的評點學〉等十幾篇。

提　要

　　本書據《曲江集》，專論初唐詩人張九齡之全部詩作。研究方法先就文本之校正，歷覽今存各版本《曲江集》之正誤，師仿乾嘉考證之功，必欲窮究曲江詩文本之原貌，所參校各本，皆今存可見之《曲江集》善本。

　　其次，注解《曲江集》各首詩，依「事義兼釋」之注疏學，理解曲江詩之微意奧旨，體驗曲江詩之志趣襟抱。

　　最後，總括曲江詩之綜合體貌，析論曲江詩之技巧、主題、設色，與評論，務期全方位探索曲江詩風，寄懷性靈感受。

　　本書末附《曲江集》詩作繫年，考曲江詩「知人論世」之意，其有未審，

但云闕疑，不強作解，又輯錄各家集評，詩無達詁，見仁見智，當有助於曲
江詩之說解。書末附列本書參考書目，及曲江詩研究專著與論文期刊，全部
研究成果收至二○○七年為止。

目　次

第十六、十七冊　宋以前《孔子家語》流傳考述

作者簡介

　　林保全，臺灣屏東市人，1980 年生。國立暨南國際大學中文系、歷史系雙主修畢業，國立臺灣師範大學國文學系碩士班畢業，現就讀於國立臺灣大學中國文學系博士班，並於國立新竹教育大學語文學系擔任兼任講師。撰有〈「經世思想」與「地志知識」融入詩歌典故的巧妙技法——顧炎武〈十九年元旦〉詩解析〉、〈〈坊記〉、〈七十二弟子解〉稱引《論語》書題再議〉、〈王肅序《孔子家語》相關問題考辨——以王氏獲得《家語》之時間及來源為核心〉等數篇期刊論文。

提　要

　　本論文以《孔子家語》為研究對象，旨在考察其成書過程、流傳情形、偽書說之形成，及其不同時代所展現出之學術價值與文化意義。綜觀《家語》一書之流傳史，實可劃分為「先秦兩漢時期」、「魏晉南北朝至兩宋時期」、「元明清時期」三大階段：

　　就第一階段先秦兩漢時期而言，無論是《家語》之編成過程為何，抑或以何種形式流傳等相關課題，皆尚未明朗，亟待學者加以深入研究，並進行重建。

　　而第二階段魏晉南北朝至兩宋時期，《家語》之流傳情形，已稍具梗概。大致而言，此階段《家語》流傳之最大特色，在於王肅注本之獨傳，以及偽書說之逐漸成形。再者，此階段之不同時期，對於《家語》一書之學術價值

與文化意義，亦往往呈現出不同風貌。

至於第三階段元明清時期，由於存留之史料極多，故其流傳情形，又較前一時期明朗。總括言之，此階段《家語》流傳之最大特色，在於王肅注本流傳之外，尚有其他《家語》注本、節本、點評本，與專門性研究著作蓬勃出現，可視爲《家語》研究形成與發展之重要階段。此外，此階段之不同時期，對於前一階段所形成之僞書說，其接受程度亦不一致，遂使《家語》於此階段之不同時期，其學術價值與文化意義，具有顯著之差異性存在。

本論文主要擷取《家語》流傳史上之第一、第二階段，作爲核心架構並進行研究與論述。以第一階段之流傳史研究而言，主要目的在於建構《家語》一書，於秦漢之際的編成過程與流傳情形爲何，並藉由《家語‧後序》中，所提及之相關敘述，並配合上海博物館藏戰國楚竹書二《民之父母》、河北定縣八角廊《儒家者言》漢簡、安徽阜陽雙古堆《儒家者言》漢簡等出土文獻，重建《家語》於兩漢之際，其編成之過程與流傳情形。

第二階段之流傳史研究，則以魏王肅自孔子廿二世孫孔猛處，取得《家語》一書爲起點，考論王肅取得《家語》之過程爲何、時人如何看待《家語》一書，以及王肅如何在經學議題上，加以利用此書以攻駁鄭學。其次，亦針對《家語》僞書說之形成過程，分爲魏晉南北朝時期、隋唐時期、兩宋時期三個斷代，加以考述。

目　次

第十八、十九冊　漢魏六朝「家訓」研究

作者簡介

康世昌

出生地：南投縣鹿谷鄉

現職：國立嘉義大學中文系副教授

學歷：中國文化大學中國文學研究所博士

經歷：台北市華岡藝校、實踐大學、花蓮師範學院

著述：孔衍《春秋後語》研究、漢魏六朝家訓研究

提　要

1. 研究目的：齊家、治國、平天下是中國傳統士大夫向來重視的人生理想，而其初步目標「齊家」，尤其被視為典型天下的首要工作。故而歷來知識分子無不著力於教育子女，建立良善的家庭風範。其中「家訓」作品的產生，正代表為人父兄對子弟教育訓誡所努力之成果。本論文以「漢魏六朝家訓研究」為題，即希望透過兩漢誡子書、魏晉家誡、南北朝家訓作品的發展，來瞭解漢魏六朝家庭訓誡的具體訴求、思想特質及其文學表現。其目的在釐清漢魏六朝「家訓」之發展、探究其家庭教育之思想及訴求、研討其「家訓」文學之表現，做為瞭解中國文化內涵的一個途徑。

2. 使用文獻：本論文所據以研究的「家訓」，以成文家訓為主，除了斷代自兩漢以迄隋朝滅亡之間約八百年以外，其取材的原則為：父、叔（伯）、兄

對子、姪、弟（或家長對家門子孫）之撰文（包含詩、文、書信）訓誡。其間大半殘存資料被收入嚴可均《全上古三代秦漢三國六朝文》及逯欽立《先秦漢魏晉南北朝詩》之中，如為二書所未輯之佚文，或僅存書、篇名，或戒子之文雜側專著之中者（前二書依例不收），則博徵眾書，以為論述之資。

3. 研究方法：首先輯錄漢魏六朝「家訓」殘存作品，考訂漢魏六朝「家訓」全亡書、篇名目，再根據這兩個部分依時代先後，分析其內容，展現其發展脈絡。其次歸納「家訓」中的思想特色，及其文學表現。

4. 研究內容：本論文共分八章：第一章緒論，說明研究範圍、動機與目的、方法與步驟、漢魏六朝家訓之根源；第二章漢魏六朝家訓之興起與發展；第三章漢魏六朝家訓內容分析（一）（漢魏）；第四章漢魏六朝家訓內容分析（二）（晉、五胡十六國、劉宋）；第五章漢魏六朝家訓內容分析（三）（齊、梁、北朝）；第六章漢魏六朝家訓之人生準則及其思想；第七章漢魏六朝家訓之文學；第八章《顏氏家訓》問題研討；第九章結論。另在論文後附「漢魏六朝家訓輯錄」，以資驗證。

5. 研究結果：透過「家訓」輯錄，可以輕易掌握漢魏六朝撰文訓誡之成果；透過內容分析，可以知曉不同家庭的各別訴求；透過思想歸納，可以明瞭漢魏六朝家訓的人生價值；透過文學研究，可以釐清家訓文學發展的源流及其表現方法；透過專題研究，可以凸顯《顏氏家訓》的地位及特色；透過家訓發展與興起的探索，可以洞悉「家訓」發展之背景。這些將有助於我們對中華民族家庭價值觀、人生觀進一步的認識。

目 次

第二十冊　費長房《歷代三寶紀》研究

作者簡介

　　黃碧姬，台灣宜蘭人，1964 年生，華梵大學東方人文思想研究所碩士，榮獲華梵大學頒發第 15 屆畢業生傑出表現獎。專業領域爲出土文獻與佛典目錄學研究。

　　著有《費長房歷代三寶紀研究》

〈郭店、上博竹簡〈緇衣〉第十八章與今本《禮記・緇衣》合校淺釋〉(《儒家思想與儒學文獻研究專刊》2008 年 9 月)

提　要

中國佛經目錄之發展，至隋朝無論於體例、分類、組織等各方面，已臻成熟完備階段。《歷代三寶紀》一書即是當時翻經學士費長房所著，清初釋智旭撰《閱藏知津》時，首將本書列入傳記類，而陳垣先生則認爲不合，應改入目錄類，然據阮忠仁先生之研究，知本書乃一部具史學特質之作，故智旭將其列入傳記類並無不可。何以費長房著經錄卻偏重譯經之歷史？此於佛教史學及佛典目錄學上創造出何種價值與意義？本論文擬以文獻學爲基礎，輔以目錄學與史學之雙角度來探討這部具獨特性之佛家經錄，並據以確定其於佛教經錄史上之學術地位。

本研究共分六章，除緒論及結論兩章外，其餘四章乃是本論文之主體部分，略述各章內容如下：

第一章旨在說明本論文之研究動機與研究方法等。

第二章以論述《歷代三寶紀》之撰述背景爲主。概述作者費長房生平及其成書背景，兼述佛經目錄至隋代之開展歷程，除可知其所本，並可作爲本論文後述之基礎。

第三章考釋本書傳世版本之異同。

第四章進入《歷代三寶紀》之主題。首先分析此書之體制，並以書名命定原由爲起始，其次從目錄學角度切入，詳細解說本書之體例、組織結構等，以揭示其完整之輪廓。復次，對內容及取材範圍等項作細部之研究分析。

第五章乃以客觀之態度探討歷來學者對《歷代三寶紀》之評價，兼述本書對後世經錄所產生之影響。

第六章結論，旨在重申本文各章研究成績，並論述及考察結果，且作扼要之總結，以述及其他有待延伸之課題。

目　次

鮑廷博《知不足齋叢書》之研究

蔡斐雯　著

作者簡介

1990 年畢業於台灣大學歷史學系，1995 年畢業於台灣大學圖書館學研究所，目前服務於大學圖書館。

提　　要

　　清代的學風樸實、重校勘，反映在書籍的刊刻上，使當時所刊印之書一改明代刻書任意刪改之必弊。因而，也使得清版書於研究參考之價值較明版為高。

　　彙刻叢書為清代私家刻書之主要特色，鮑廷博為清朝乾嘉時期著名的藏書家（1728-1814），曾因獻書四庫館量多且質精之故，受乾隆賜【古今圖書集成】一部。而後鮑廷博以其家藏珍鈔舊刻及時人著作，彙刻為【知不足齋叢書】。

　　【知不足齋叢書】以罕見不傳及流傳偽誤而待重刊的典籍為選擇的標準，收書三十集共兩百零七種，歷時乾隆、嘉慶、道光三朝才得以完成。因具有輯刻珍罕典籍、內容廣博實用、首尾完善、序跋不遺、精校精刻等主要特點，其於學術上能刊正傳本訛誤、提供史地及版本研究重要資料；於文化上則使珍罕本及當世著作得以流傳。可說為叢書刊刻提供良好的典範，不但嘉惠於士林，更因而帶動清代叢書刊刻的風潮。

　　經實際查看目前臺灣地區各圖書館中所得見之【知不足齋叢書】，可歸納有初刻、嘉慶道光補刊及嶺南重刊等三個版本，各版本之序跋文多寡不一，校改、校補之記亦不盡相同。

　　現今圖書館存藏【知不足齋叢書】以中國大陸地區最多，約三十八套，日本地區可考者約有十三套，臺灣地區可考者有九套。影印本則以民國十年上海古書流通處具鮑式家藏本為底所影印之影印本為主，其餘均係以此為底本再行影印。

目

次

第一章　緒　論

第一節　問題陳述

　　我國歷史悠久，文化博大精深，早已爲世界公認之事實。而由於中國人自古以來重視學術、愛書的傳統，使得悠久文化中之精華，原原本本地保留在古代典籍當中。中國古代典籍在質和量方面的發展，顯示出古代中國在文字傳播和學術研究上的成就。這乃是中國文化的基石。因此，要了解中國文化的起源和發展，便得從這些古代文字記錄的遺產中去探索。〔註1〕

　　叢書是將各種不同的書匯集在一起，別立書名，依一定體例編輯而成的書。其特點在於集眾書爲一書，但編輯時並不打亂原書本來的編次，各書之間先後也無一定次序。〔註2〕我國古代典籍雖浩瀚，但由於歷代統治者對不利其統治之著作有計畫纂改及銷燬，且經無數次的天災和戰亂，使得這些豐富的典籍不斷殘損和散失。叢書的輯印，則大有功於保存和流通，〔註3〕亦使許多別無單行本的古典文獻，藉其收刻而得以保存下來。〔註4〕據估計，我國從雕版印刷術發明到辛亥革命爲止之古代典籍，現存者約有十五萬種之多，而叢書一類所收約有五萬種，佔整個古代典籍的三分之一，〔註5〕可見叢書在中

〔註1〕錢存訓，《中國古代書史》（香港：香港中文大學，1975年），頁5。
〔註2〕韓仲民，《中國書籍編纂史稿》（北京：中國書籍出版社，1988年），頁267。
〔註3〕上海圖書館編，《中國叢書綜錄》（上海：上海古籍出版社，1982年），頁1。
〔註4〕羅孟禎，《古典文獻學》（重慶：重慶出版社，1988年），頁378。
〔註5〕劉尚桓，〈中國古籍叢書概說〉，《文獻》7輯（1981年3月），頁141。案：此數字並未成爲定論，尚有爭議。

國典籍中之地位。

我國叢書之刊刻始於宋代而盛於清。〔註6〕清代由於學風轉爲樸實，加以受政治因素的影響，致使士人重考據、校刊、輯佚，私家刻書也因而蔚爲風氣，而其中又以輯刻古籍爲主。〔註7〕尤其在高宗乾隆倡導、開獻書之路後，私家輯刻叢書不但種類、數量多，且由於輯刻能以宋元舊本爲刊刻底本，校勘精審，刻印、紙墨俱佳，使其在質量上均遠勝於前代。

在清代私家彙刻之叢書中，有以輯刻罕本著稱者，於學術及珍本之流傳和保存特爲有功。這股輯刻罕本之風潮，可說由清代鮑廷博之輯刻《知不足齋叢書》開始。鮑廷博是乾嘉時期著名的藏書家，性好文史，致力於搜求珍善本典籍。曾於四庫館開詔求天下遺書時獻家藏善本六百餘種，乾隆爲此賜書以獎其功。乾隆時，鮑廷博將其所得珍本精校彙刻爲《知不足齋叢書》，從乾隆四十一年（1776年）起至嘉慶十九年（1814年）去世止，共出了二十七集，而後其子、孫繼其遺志又刻三集，在前後五十年中，刻印了三十集，共計二百零七種書。這部《知不足齋叢書》，由於具有精校精刻罕見珍本、內容廣博、注重實用、各子目首尾完備、序跋不遺等之特色及優點，成書行世之後廣受當世及後代學者之重視及推崇。〔註8〕而鮑廷博《知不足齋叢書》亦因此於清代形成一股輯刻罕本典籍之風潮：如高承勛刻《續知不足齋叢書》；鮑廷爵刻《後知不足齋叢書》；顧修刻《讀畫齋叢書》；蔣光煦刻《別下齋叢書》；伍崇曜刻《粵雅堂叢書》；潘仕成刻《海山仙館叢書》……等，均風聞而仿鮑氏《知不足齋叢書》之體例，彙刻罕見珍本之叢書者。〔註9〕使得刻書之風日益興盛，亦推動了叢書的發展。

綜上所述，我們可知，鮑廷博所刻之《知不足齋叢書》在清代私刻叢書及我國叢書之發展中，佔有重要的地位，實有加以深入研究分析及探討之必要。

〔註6〕謝國楨，〈叢書刊刻源流考〉，王秋桂、王國良合編，《中國圖書文獻學論文集》（下）（臺北：明文，民國72年），頁425～461。

〔註7〕謝灼華編，《中國圖書和圖書館史》（武昌：武漢大學出版社，1987年），頁183～184。

〔註8〕李春光，〈鮑廷博和《知不足齋叢書》〉，《文獻》1986年第4期（1986年12月），頁259～271。

〔註9〕潘美月，〈清代私家刊本特色〉古籍鑑定與維護研習會專集編輯委員會編，《古籍鑑定與維護研習會專集》（臺北：中國圖書館學會，民國74年），頁155。

第二節　文獻分析

　　對於鮑廷博及其所刊刻之《知不足齋叢書》，歷來有不少文獻記載。於傳記文獻中，如清儒李桓所輯之《國朝耆獻類徵初編》；〔註 10〕阮元之《揅經室二集》；〔註 11〕汪兆鏞集錄之《碑傳集三編》；〔註 12〕徐世昌之《清儒學案小傳》；〔註 13〕葉昌熾《藏書紀事詩》；〔註 14〕清國史館所編之《清史列傳》；〔註 15〕《安徽省歙縣志》中之「人物志」；〔註 16〕《桐鄉縣志》；〔註 17〕《湖州府志》「人物傳」；〔註 18〕丁申之《武林藏書錄》；〔註 19〕楊立誠、金步瀛合著之《中國藏書家考略》；〔註 20〕葛光之〈安徽清代私人藏書家考略〉；〔註 21〕以及 Arthur W. Hummel 所編之 *Eminent Chinese of the Ch'ing Period*〔註 22〕等。不過，由於為傳記資料，所述於鮑廷博生平多於其所輯刻之《知不足齋叢書》。

　　在近人著作中，關於此叢書，許多文獻學、圖書史、版本目錄學專著專論中亦多所評論。如潘美月教授《圖書》中提及此叢書以刊刻罕本著稱，並

〔註 10〕李桓，《國朝耆獻類徵初編》，卷四百四十一，《清代傳記叢刊》，第 184 冊（臺北：明文，民國 74 年），頁 251～256。

〔註 11〕阮元，《揅經室二集》，卷五，《叢書集成新編》，第 69 冊（臺北：新文豐，民國 74 年），頁 273。

〔註 12〕汪兆鏞《碑傳集三編》，卷三十七，《清代傳記叢刊》，第 126 冊（臺北：明文，民國 74 年），頁 285～286。

〔註 13〕徐世昌，《清儒學案小傳》，卷十三，《清代傳記叢刊》，第 6 冊（臺北：明文，民國 74 年），頁 659～660。

〔註 14〕葉昌熾，《藏書紀事詩》，靈鶼閣叢書，卷五，《百部叢書集成》79（臺北：藝文印書館，民國 55 年）。

〔註 15〕國史館編，《清史列傳》，卷七十二，《清代傳記叢刊》，第 104 冊（臺北：明文，民國 74 年），頁 976～978。

〔註 16〕許承堯，《安徽省歙縣志》，卷十，《中國地方志叢書》，第 64 冊（臺北：成文，民國 66 年），頁 1591～1592。

〔註 17〕嚴辰等修，《桐鄉縣志》，卷十五：人物下・寓賢，《中國方志叢書》，第 77 號（臺北：成文，民國 59 年），頁 596～597。

〔註 18〕宗源翰等修，《湖州府志》，卷九十：人物傳・寓賢，《中國方志叢書》，第 54 號（臺北：成文，民國 59 年），頁 1732。

〔註 19〕丁申，《武林藏書錄》，卷末，《武林掌故叢編》（臺北：臺聯，民國 56 年）。

〔註 20〕楊立誠、金步瀛，《中國藏書家考略》（臺北：文海，民國 60 年），頁 298～299。

〔註 21〕葛光，〈安徽清代私人藏書家考略〉，《圖書館工作》1984 年 3 期（1984 年），頁 48。

〔註 22〕Arthur W. Hummel ed., *Eminent Chinese of the Ch'ing Period*（Taipei：Ch'eng-Wen, 1967），612～613.

述其後風聞而起者；〔註 23〕陳登原《中國典籍史》中介紹鮑廷博生平及其於
蒐求古籍之努力；〔註 24〕吳楓之《中國古典文獻學》中，略提此叢書之內容、
貢獻及其後之影響；〔註 25〕劉尚桓《古籍叢書概說》一書中略述《知不足齋
叢書》之來源、特點及鮑氏生平；〔註 26〕鄭如斯、蕭東發編之《中國書史》
中提及《知不足齋叢書》之二項優點及其以收罕見者爲主之特色；〔註 27〕蔡
文晉〈鮑廷博年譜初稿〉就現今可見資料對鮑廷博生平活動做一整理，並錄
其資料來源，於鮑氏之學術活動及刻書的了解多所助益。〔註 28〕餘如王欣夫
《文獻學講義》；〔註 29〕張舜徽《中國文獻學》；〔註 30〕陳彬龢、查猛濟之《中
國書史》〔註 31〕等，均僅簡單提及，未作進一步的介紹。

　　在今人眾多著作中，有數篇曾對於此部叢書有較爲詳細之介紹。現分述
於後：

　　一、潘美月教授於《古籍鑑定與維護研習會專集》中之〈清代私家刊
　　　　本特色〉一文中，介紹了此部叢書之特點及其後仿鮑氏《知不足
　　　　齋叢書》體例刊刻的幾部叢書。〔註 32〕

　　二、謝國禎之〈叢書刊刻源流考〉一文簡介鮑廷博之生平；其《知不
　　　　足齋叢書》採輯子目必爲能裨益見聞，或發揚風雅者之標準；輯
　　　　纂必首尾具足、校讎精審而後鏤板之二大優點；以及受其影響而
　　　　成書之諸叢書。〔註 33〕

　　三、李春光之〈鮑廷博和《知不足齋叢書》〉一文，介紹鮑廷博在藏書、
　　　　校書、刻書之努力，並實際以其中所收之書舉例說明此叢書之
　　　　（1）、多收罕見難得的珍本秘笈；（2）、注重實用，內容廣博，所
　　　　收多爲有價值之書；（3）、選用善本，校刊精審；（4）、所輯之書，

〔註 23〕潘美月，《圖書》（臺北：幼獅，民國 75 年），頁 157～158。
〔註 24〕陳登原，《中國典籍史》（臺北：樂天，民國 60 年），頁 331～333。
〔註 25〕吳楓，《中國古典文獻學》（山東：齊魯書社，1982 年），頁 147。
〔註 26〕劉尚桓，《古籍叢書概說》（上海：上海古籍出版社，1989 年），頁 94～95。
〔註 27〕鄭如斯、蕭東發編著，《中國書史》（北京：書目文獻出版社，1988 年），頁
　　　　215。
〔註 28〕蔡文晉，〈鮑廷博年譜初稿〉，稿本。
〔註 29〕王欣夫，《文獻學講義》（上海：上海古籍出版社，1986 年），頁 256。
〔註 30〕張舜徽，《中國文獻學》（臺北：木鐸，民國 72 年），頁 231。
〔註 31〕陳彬龢、查猛濟編，《中國書史》（臺北：文史哲，民國 66 年），頁 187。
〔註 32〕同註 9，頁 155。
〔註 33〕同註 6，頁 432～434。

必求首尾完備，序跋不遺；（5）、反映了中、日兩國的文化交流等五項特點和優點，並於文末略提此叢書中所收幾種書的缺憾之處。〔註34〕

四、葛光則於〈鮑廷博與《知不足齋叢書》〉文中就鮑廷博生平、叢書刊刻的背景和目的，叢書刊刻的特點、叢書的作用和影響加以說明。〔註35〕

從以上之分析，我們可看出，關於鮑廷博《知不足齋叢書》，多數的文獻僅就鮑氏之生平及此書之特色、優點、影響加以概略介紹，只有少數具體舉例說明，亦未見詳細研究及分析者。以鮑氏《知不足齋叢書》在我國圖書版本學中之地位及其價值而言，實有必要作一有系統之研究及分析，以助於對叢書的進一步瞭解及應用。

第三節　研究目的

本論文之研究目的主要有四：

一、敘述鮑廷博生平及其藏書、刻書等學術活動。

二、研究《知不足齋叢書》的刊刻及其版本。

三、研究《知不足齋叢書》之特色。

四、研究《知不足齋叢書》之價值及影響。

五、調查現今之存藏情形。

第四節　研究範圍與限制

一、本論文所研究者以《知不足齋叢書》為限，鮑氏生平、藏校書及其影響所及之各叢書，僅作概略介紹，不為詳細研究之範圍。

二、本論文中對《知不足齋叢書》之存藏調查係以各類已出版之藏書目錄、藏書誌等為主。

〔註34〕李春光，〈鮑廷博和《知不足齋叢書》〉，《文獻》，1986年第4期（1986年12月），頁257～273。

〔註35〕葛光，〈鮑廷博與《知不足齋叢書》〉，《圖書館研究與工作》，1985年2期（1985年），頁36～39。

第五節　研究方法

　　本論文採歷史研究法及文獻分析法，就叢書本身、傳記資料、檔案、各家藏書志、題跋，以及版本學、文獻學專著等資料，加以分析。並以各類收藏目錄，調查其現今之存藏狀況。期能對鮑廷博《知不足齋叢書》作一有系統及深入的探討。

第二章 鮑廷博生平及其藏書、刻書

鮑廷博以刊刻《知不足齋叢書》聞名於世，然亦以藏書、校書、傳鈔善本而富盛名。以下，先就其家世、生平加以介紹，再述其於學術活動上之努力。

第一節 生平傳略

一、家 世

鮑廷博，字以文，號淥飲，自號「得閒居士」，晚年自稱「通介老人」、「通介叟」。生於清世宗雍正六年（1728），卒於清仁宗嘉慶十九年（1814）。祖國槐公名貴，父鴻遠公名思詡，世代居於安徽歙縣之西鄉，〔註1〕然卻因經商而寓居浙江。其父居浙時先娶胡氏，胡氏卒後又娶仁和顧氏，生鮑廷博。〔註2〕祖國槐公卒，歸葬於西鄉，父思詡乃舉家遷至杭州定居。而後父母相繼卒於杭州，葬於湖州烏程縣某鄉。〔註3〕鮑廷博後遷居至桐鄉縣青鎮之楊樹灣，〔註4〕以後便一直定居於此。

鮑氏祖孫三代均以經商維生，〔註5〕時常往來於安徽及浙江之間。雖然，

〔註1〕 李桓，《國朝耆獻類徵》初編，卷四百四十一，《清代傳記叢刊》，第 184 冊（臺北：明文，民國 74 年），頁 251。

〔註2〕 阮元，《揅經室二集》，卷五，《叢書集成新編》，第 69 冊（臺北：新文豐，民國 74 年），頁 273。

〔註3〕 同註1。

〔註4〕 嚴辰等纂修，《桐鄉縣志》，卷十五：人物下・寓賢，《中國方志叢書》，第 77 號（臺北：成文，民國 59 年），頁 596。

〔註5〕 錢泳，《履園叢話》，卷六：耆舊（臺北：大立，民國 71 年），頁 169～170。

鮑廷博大部份的時間居於浙江，然卻仍以歙人自居，〔註6〕其於九歲時就傅，二十三歲時補歙縣庠生，期望能在家鄉求取功名，惜兩次應省試失敗，自此便絕意進取，開始沉浸於藏書及私人研究，而活動範圍也就因此以浙江地區爲主。

　　鮑廷博之妻爲何人未見有文獻記載，有子二人：長子士恭，字志祖（一字青溪），〔註7〕爲仁和縣國學生；次子士寬早卒。孫三人：正身，士恭之子；正言及正勳則爲士寬之子。正言妻張氏，生子宗海；〔註8〕正勳妻程氏（名嫻）生子名寅。〔註9〕子孫均以文學世其家。〔註10〕

圖一：鮑氏世系圖

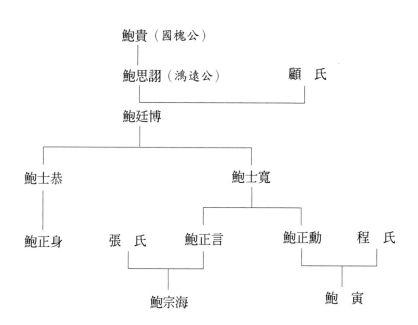

〔註 6〕 從鮑廷博所爲之書跋、題記所題均以歙人自居可知。

〔註 7〕 Arthur W. Hummel, *Eminent Chinese of the Ch'ing period.*（Taipei : Ch'en-wen, 1967），p. 613 。

〔註 8〕 嚴辰等纂修，《桐鄉縣志》，卷十六：列女上，《中國方志叢書》，第 77 號（臺北：成文，民國 59 年），頁 609。

〔註 9〕 同上註，卷十八：列女下，頁 671～672。

〔註10〕 陸心源《皕宋樓藏書志‧泣蘄錄跋》稱鮑以文有二孫，長曰正言，次曰正字。但其他資料均僅言鮑氏有孫名正言，無一言鮑氏有孫名曰正字，因無從查考，故不載入。

二、志趣、著作、及交遊

鮑廷博二應省試不中之後，絕意進取，不求仕進，然仍勤學就吟。爲詩尤工詠物，嘗賦〈夕陽詩〉二十律，甚工，時人因此稱之爲鮑夕陽，〔註11〕另又有著作數種，但燬於火，現今所存僅《花韻軒小稿》二卷及《詠物詩》一卷，皆爲其晚年記憶所出。〔註12〕

鮑氏待人寬厚篤友誼，所交遍及當時名流學者及江浙藏書家。他常與這些學者及藏書家交換心得，互相借鈔，觀看所藏圖書。在這些交遊中，往來頻繁或有助其叢書之刻者有數人：

（一）盧文弨

盧文弨，字弨弓，號磯漁，又號檠齋，晚年更號弓父，人多稱其爲「抱經先生」。生於康熙五十六年（1717），卒於乾隆六十年（1795），浙江餘姚人。乾隆十七年一甲三名進士，歷任翰林院侍讀學士、廣東鄉試正考官、湖南學政等官。平日精研經訓，潛心漢學。家藏圖籍數萬卷，手自校勘，精審無誤。著有《抱經堂文集》三十四卷、《儀禮注疏詳校》、《鐘山箚記》、《龍城箚記》等；又合經、史、子、集三十八種爲《群書拾補》。刻有《抱經堂彙刻書》、《韓詩外傳》、《呂氏春秋》等。〔註13〕

盧文弨與鮑廷博的交情，並未見二人有直接的記載，然鮑氏於一書正誤有疑時，時常就教於盧氏，而盧氏亦不時向鮑氏借觀、借鈔所藏書。鮑廷博刊刻叢書，更借重盧氏於經學及校讎之專長，延請其擔任校勘的工作。而平日亦曾以藏書致贈。〔註14〕

（二）朱文藻

朱文藻，字映漘，生於雍正十三年（1735），卒於嘉慶十一年（1806），浙江仁和人。精六書，自《說文》以下及鐘鼎款識無不貫串源流。又通史學，凡紀傳、編年、紀事、通典諸書輒能考其缺略，審其是非。曾赴京師佐校《四庫》，復奉敕於南書房考校。著有《續禮記集說》、《說文繫傳考異》、《碧谿草

〔註11〕參見許承堯纂之《安徽省歙縣志》，卷十：人物志‧士林，《中國方志叢書》，第64冊（臺北：成文，民國66年），頁1591。
〔註12〕同註1，頁255。
〔註13〕國史館編，《清史列傳》，卷六十八：盧文弨傳，《清代傳記叢刊》，第104冊（臺北：明文，民國74年），頁433～434。
〔註14〕盧文弨，《抱經堂文集》，卷十，《四部叢刊》（上海：商務，出版年不詳），頁100。

堂詩文集》、《東軒隨錄》、《金箔考》、《苔譜》、《萍譜》諸書。〔註15〕

其於鮑廷博《知不足齋叢書·序》中云：「余館於振綺堂十餘年，君借鈔諸書皆余檢集，君所刻書余嘗預點勘。余與君同嗜好共甘苦，君以爲知之深者莫若余也」。〔註16〕而鮑氏叢書之《萬柳溪邊舊話》、《歸田詩話》、《默記》等諸書均囑朱氏考訂，可見朱氏於叢書之刻極爲有功。

（三）阮　元

阮元，字伯元，號「雲臺」，諡「文達」。生於乾隆二十八年（1763），卒於道光二十九年（1849），江蘇儀徵人。乾隆五十八年進士，歷任內閣學士、浙江巡撫、兩廣及雲貴總督等官。曾設詁經精舍、學海堂以育英才。著有《十三經校勘記》、《經籍纂詁》、《疇人傳》、《儒林傳》、《兩浙輶軒錄》、《淮海英靈集》、《擘經室集》、《定香亭筆談》、《小滄浪筆談》等書。刻有《十三經注疏》、《皇清經解》、《文選樓叢書》等多書。〔註17〕並曾採《四庫》未收善本，精心抄寫，復仿《四庫》於每一書撰提要以進呈，蒙嘉慶皇帝以「宛委別藏」藏之。〔註18〕

鮑廷博與阮元的交情，《桐鄉縣志》中記載：「阮文達公與公契合最深，視浙學時，每於按試嘉湖之便，棹小舟造其居，觀所藏書。後撫兩浙時，邀公至節署談論校讎，於文達所刊各書爲功最多」。〔註19〕另，阮元集《四庫》未收書，鮑氏亦曾盡採錄之功。

（四）吳　騫

吳騫，字槎客，又字葵里，號「兔床」，生於雍正十一年（1733），卒於嘉慶十八年（1813），浙江海寧人。篤嗜典籍，遇善本傾囊購之，復精審校勘，所得不下五萬卷，築「拜經樓」藏之。其爲詩文詞旨渾厚、氣韻蕭遠。著有《國山碑考》、《桃溪客語》、《拜經樓詩話》、《愚谷文存》、《拜經樓詩集》等。〔註20〕刻有《拜經樓叢書》。

吳氏與鮑廷博二人，除借鈔藏書外，亦彼此爲詩題詠。對於鮑氏之叢刻，

〔註15〕同註 13，卷七十二，頁 927～928。

〔註16〕朱文藻，〈知不足齋叢書序〉，《知不足齋叢書》，首帙。

〔註17〕洪有豐，〈清代藏書家·玖〉《圖書館學季刊》，1 卷 1 期（民 15 年 3 月），頁 48～49。

〔註18〕盧仁彪，〈《宛委別藏》編纂始末〉，《文獻》，1990 第 1 期，頁 168。

〔註19〕同註 4。

〔註20〕同註 15，頁 928。

吳氏也不吝於提供善本供其參校。〔註21〕

（五）郁　禮

郁禮，字佩先，自號「潛亭」，浙江錢塘人。家富藏書，後亦購有小山堂趙氏佚書，傳錄厲鶚樊謝山房祕冊，藏書東嘯軒。

鮑廷博與其交情匪淺，鮑氏於〈庶齋老學叢談附記〉云：「君恂恂儒雅，與人交有晏子之風，而尤與予匪，無三日不相過，過必挾書而來，借書以去，雖寒暑不爲少間。……花時每招予信宿其中，時出法書、名畫以相品評。或隨意抽架上書共讀，或談往事，或賦小詩，香爐茗椀，婆娑竟日。更深月上，兩人徘徊花影下，意思閒適，彷彿東坡與張懷民承天寺之遊。……解衣就寢，香染襟袖撲之不消，聯床對話，往往達旦。自予移家烏戌，遂無復有此樂矣」。〔註22〕由鮑氏此段話可知，其早年與郁氏常相往來，自遷居後因受地理因素影響才稍受限制，然二人彼此相善卻未稍減。鮑氏之叢刻《兩漢刊誤補遺》、《庶齋老學叢談》、《吳禮部詩話》等書之底本均出自郁氏所貽。

（六）顧廣圻

顧廣圻，字千里，號澗蘋，自號「思適居士」，生於乾隆三十五年（1770），卒於道光十九年（1839），江蘇元和人。經史訓詁天算輿地靡不貫通。於目錄之學尤爲專門。著有思適齋集。〔註23〕

顧氏云：「予髮甫燥即獲交鮑丈以文，每與縱談古書淵源……」。〔註24〕此外，顧氏亦參與叢書勘定校補的工作。於鮑氏叢刻極有助益。

（七）黃丕烈

黃丕烈，字蕘圃，號復翁，生於乾隆二十八年（1763），卒於道光五年（1825），江蘇吳縣人。好蓄書，尤好宋槧本，嘗構專室藏所得宋本，名之曰「百宋一廛」，自稱「佞宋主人」。刻有《周禮鄭注》、《國語》、《國策》、《焦氏易林》等書，一以宋元爲準，另刻有《士禮居叢書》。〔註25〕

黃丕烈〈古逸民先生集跋〉云：「辛未三月初游嘉禾，遇湅飲鮑丈於雙溪橋下，晝則同席，夜則聯舫縱談書林舊聞，亹亹不倦，眞快事也。越日同至

〔註21〕蔡文晉，〈鮑廷博年譜初稿〉，稿本。
〔註22〕鮑廷博，〈庶齋老學叢談後記〉，《知不足齋叢書》，第二十三集。
〔註23〕同註13，卷六十八，頁472。
〔註24〕潘祖蔭，《滂喜齋藏書記》，《書目叢編》（臺北：廣文，民國77年），頁55。
〔註25〕同註15，頁978。

本立堂書坊，取其家鈔傳秘冊贈余。」。〔註26〕

此外，鮑氏亦與小山堂趙氏（趙昱）、振綺堂汪氏（汪憲）、瓶花齋吳氏（吳焯）、飛鴻堂汪氏（汪啓叔）、壽松堂孫氏（孫宗濂）、二老閣鄭氏（鄭性）、桐華館金氏（金德輿）等藏書家往來，彼此參合有無、互爲借抄。〔註27〕

三、蒙受恩榮

鮑廷博於乾隆三十八年四庫館開後，命其子士恭獻書，由於所獻既多且精，蒙乾隆御賜《古今圖書集成》一部，並於《唐闕史》及《武經總要》二書題詞，一時傳爲佳話。隨後，鮑廷博以所藏善本刻爲《知不足齋叢書》，每刊一集即以進獻。嘉慶癸酉（嘉慶十八年）鮑氏時年八十六，浙江巡撫方受疇以鮑廷博續刊之叢書第二十六集進，嘉慶皇帝恩賞鮑廷博以舉人。隔年，鮑氏病逝於家中，享年八十七歲。〔註28〕

第二節　學術活動

經商冶坊雖爲鮑氏父子之生計，不過，其父思詡卻極好讀書。鮑廷博因事父至孝，本身亦勤而好學，故亟力爲父蒐求前人書籍。這可說是除二應省試不中之外，使他將生活重心轉至藏書、治學的另一大主因。由於鮑廷博勤而好學、實事求是，對於所收之書必手自校對，加以其蒐書之勤而不倦。因而，隨時日之增，不但所藏多且精，並對於各書之美惡、意旨所在，及其見於某家目錄、經幾家收藏、幾次鈔刻、眞僞若何、校誤若何等，無一不能矢口而出，歷歷不爽。〔註29〕其藏書、識書之名也就隨之而遠播。

眼見前人著作的散佚不傳，鮑廷博常引以爲憾。是以，在蒐求書籍或與其他藏書家討論時，若得知有罕見而幾近不傳，或散佚已久復見於世者，必定設法得之，刊刻以令其復傳於世。若不能得，也必加以傳鈔，以免前人心

〔註26〕黃丕烈，《蕘圃藏書題識》，卷八，《書目叢編》（臺北：廣文，民國77年）。
〔註27〕朱文藻，〈知不足齋叢書序〉：「浙東西諸藏書家若趙氏小山堂、汪氏振綺堂、吳氏瓶花齋、汪氏飛鴻堂、孫氏壽松堂、鄭氏二老閣、金氏桐花館參合有無，互爲借鈔。」這幾位藏書家之間的關係可參見 Nancy Lee Swann 所著之 *Seven Intimate Library Owner.* Harvard Journal of Asiatic Studies. vol. 1 （1936），363 ～390.
〔註28〕同註4。
〔註29〕同註14，頁976～977。

血就此湮滅。此舉除使其富藏書、識書之名外，亦以傳鈔及刻書名聞當世。

這些學術活動，幾佔鮑廷博的一生，若欲對鮑廷博有所瞭解，必然得從這些代表其一生志業的學術活動開始。因此，以下即以藏書、刻書、輯佚等三個部份分別說明。刻書部份中關於《知不足齋叢書》的刊印則另章敘述。

一、藏　書

鮑廷博的藏書，由於未見有一完整的藏書目錄或藏書志記載，因而，其藏書之來源、種類、卷數及版本等細節，也難有完整性的認識。儘管如此，我們仍能從其他藏書家之藏書志、藏書目錄、四庫進呈書目以及其手訂之《知不足齋宋元人集目》等略窺其端倪。以下，據所得文獻及書目之記載，就鮑廷博藏書整理說明之。

（一）藏書的來源

鮑廷博藏書的主要來源是勤於到各地蒐購而來，由於「力學好古，喜購秘籍，雖重籍勿恡」〔註30〕又「或遇未見之書，必典衣購之」，〔註31〕若遇他人告以在某處見有某珍本、善本，則必親往或託人購求。也因此，其藏書之癖遠近聞名，朱文藻〈知不足齋叢書序〉中有言：「三十年來，近自嘉禾吳興，遠而大江南北，客有以異書來售武林者，必先過君之門，或遠而不可致，則郵書求之。」可說對其蒐書之名的最佳詮釋。除辛勤購書之外，對於藏家所有而世不可得之珍本，鮑廷博也辛勤錄覆傳鈔，這些傳鈔本亦構成知不足齋藏書的一大部份。〔註32〕

經過經年累月的辛勤蒐集，鮑廷博的藏書逐漸具有規模，收藏有兩淛故藏書家舊物，〔註33〕成為以藏有珍鈔舊刻、異書近千種而聞名之大藏書家。往後，因常與浙、蘇著名藏書家互有往來，彼此相互討論版本優劣，並不時互易、互贈藏書，使其藏書不但量多，而且質精。其藏書樓，取《大戴禮記》中「學然後知不足」之義，名之為「知不足齋」，〔註34〕後人亦有以「知不足

〔註30〕同註4。
〔註31〕徐世昌，《清儒學案小傳》，卷十三，《清代傳記叢刊》，第6冊（臺北：明文，民國74年），頁660。
〔註32〕從藏書家藏書志的記載可看出鮑廷博知不足齋傳鈔有不少珍善本，據葉德輝《書林清話》卷十記載，其鈔本有手校眉批，極為珍貴。
〔註33〕顧廣圻，〈知不足齋叢書序〉，《思適齋集》，卷十二，《春暉堂叢書》本。
〔註34〕同註16。

齋主人」稱之者。

（二）獻書《四庫》

乾隆三十八年（1773），清高宗下詔開四庫館，採訪天下遺書，鮑廷博整理家藏善本六百餘種，命長子鮑士恭由浙江進呈。其進書之多、之精，僅有范懋柱、汪啓淑、及兩淮之馬裕等三位藏書家可與之比擬。因而，高宗於乾隆三十九年五月諭頒《古今圖書集成》一部以示嘉獎。鮑廷博得比賜書後以「賜書堂」名其藏此賜書之室。〔註35〕隔年，高宗詔還鮑廷博原進之書，於其中《唐闕史》及《武經總要》二書題辭，〔註36〕並以「知不足齋」之名題內府齋額。乾隆四十四年（1779）及乾隆五十二年（1787），鮑廷博又分別蒙賜《伊犁得勝圖》及《金川圖》各一份，〔註37〕可謂恩榮之至，並因此而更盛名遠播。

鮑氏獻四庫之書，《進呈書目》記錄爲浙江鮑士恭進呈者計有六百二十六種，〔註38〕其中著錄二百五十種，存目一百二十九種，合計三百七十九種。然審視《四庫總目提要》中記爲鮑士恭進呈者計有六百二十六種，〔註38〕其中著錄二百五十種，存目一百二十九種，合計三百七十九種，有不少與《進呈書目》中所載之書不盡相同。根據蔡文晉先生比對研究所得，鮑氏獻書總數當不少於七百二十四種，包含著錄二百七十九種，存目一百四十種。可說爲當時獻書種數最多者，對於《四庫》成書亦有不小助益。〔註39〕

（三）藏書內容

鮑廷博藏書萬卷，可惜並無藏書志可考，然據吳長元所述，鮑氏先世所藏兩宋遺集多至三百家。〔註40〕由此可推測，其家應收有不少兩宋人集。藏書的詳細內容，現今我們可從其獻書四庫的《四庫進呈書目》做一側面的了解。《進呈書目》中，鮑士恭呈送書目共記有書六百二十九種，根據蔡文晉先生比對《四庫總目》及《進呈書目》所得，《四庫總目》中所載爲鮑士恭家藏本而未見於《進

〔註35〕葉昌熾，《藏書紀事詩》，卷五，《靈鶼閣叢書》，《百部叢書集成》（臺北：藝文印書館，民國55年）。

〔註36〕同註4。

〔註37〕嚴辰等纂修，《桐鄉縣志》，卷首三：恩錫，《中國方志叢書》，第77號（臺北：成文，民國59年），頁22。

〔註38〕楊家駱，《四庫全書概述》（臺北：中國學典復館籌備處，民國64年），頁156。

〔註39〕蔡文晉，《知不足齋叢書與四庫全書關係之探討》，稿本。

〔註40〕吳長元，〈斜川集跋〉，《知不足齋叢書》，第二十六集。

呈書目》者有八十八種。其次，《總目》標示爲浙江巡撫採進本，不見於《進呈書目》，但確爲鮑氏獻本者有十種。總計獻書七百二十四種。〔註41〕

此外，鮑廷博藏書目錄《知不足齋宋元人集目》中所載，其家藏唐、宋、金、元人集共計有四百六十九種，〔註42〕扣除與前述進呈四庫之藏書重覆者，可得九十九種，合計可考之鮑氏藏書共計八百二十三種，然鮑氏藏書喜廣收不同版本，顯見其藏書必遠過於此數。

（四）藏書處理的態度

對於辛苦蒐購、傳鈔的書籍，鮑廷博必手自校對。朱文藻對此描述云：「一編在手，廢寢忘食，鉛丹無已時，一字之疑，一行之缺，必博徵以証之，廣詢以求之，有得則狂喜如獲珍貝，不得雖積思累歲不休。」〔註43〕可見鮑氏對所得書校讎之勤、之謹。其於所校之書，或圈點、註記滿紙，或書後題識。曾撰藏書題跋記多達數百篇，〔註44〕惜在一次火災中損失大半。由於每校一書必以他本或他書參校，我們從藏書家之藏書目錄及藏書志中可知，經其手校之書，頗爲藏書家所珍藏。而年邁亦勤懇校書之態度，也廣爲當時人所稱頌。

鮑廷博家藏萬卷，復費極多時間整理校讎，然對於這些藏書，卻未藏私。認爲與其私於己而子孫不爲之守，不若公一二冊於人，使能永傳於世。〔註45〕因此，「人從假借，未嘗逆意」，〔註46〕不吝將書借與人看，以冀能益於流通、傳播。這一點我們從其藏書印中之「皆大歡喜」、「喜借人看」以及「爲流傳勿損污」等三印可明顯得見。〔註47〕除借與他人之外，鮑氏也常以藏書與人互易、互贈，或將其中善本重刊。由此可見其藏書期能流傳，而非藏私於己。

（五）藏書散佚

乾隆五十六年冬，鮑廷博家遭祝融。趙懷玉於《炙硯瑣譚·序》中云：「辛亥冬，以其中尚可汰減，復寄商定，未浹旬而以文家失火，所藏梨棗半付六

〔註41〕同註39。
〔註42〕此目現藏中央研究院歷史語言研究所傅斯年圖書館，爲鮑廷博手稿本。
〔註43〕同註34。
〔註44〕同註31。
〔註45〕鮑廷博，〈庶齋老學叢談跋〉，《知不足齋叢書》，第二十三集。
〔註46〕趙懷玉，〈知不足齋叢書序〉，《知不足齋叢書》，第十一集，清嘉慶至道光間補刊本。
〔註47〕蔡文晉，〈鮑廷博藏書印記考〉，《書目季刊》，26卷2期（民國81年9月），頁51。

丁，是書僅僅獲免……」；〔註48〕嚴元照於《鐵網珊瑚‧跋》中云：「是書亦如之洵足寶愛，後為吾友知不足齋主人鮑以文先生借去，季冬之月，先生攜來見還，自言家遭火厄，是書僅而得免……」；〔註49〕嚴氏又於乾隆壬子（56年）所書之《周益文忠公書稿‧跋》中云：「去年仲秋余過烏鎮，以文先生贈予周益公書稿……季冬三月，以文家厄于火，是冊得免落他人之手……」。〔註50〕從這些記載可知，鮑廷博家於乾隆辛亥年（56年）季冬遭火災，家中所藏及其著作半數燼於火中，至於真正損失的情形，並未見鮑氏記錄，亦未見其他較詳細的記載。這次火災，可說是知不足齋藏書的一大損失。此外，鮑廷博慷慨贈書予人，也使其藏書漸向外流傳。

然鮑氏藏書散佚之主因，則係刻書耗盡家貲，復又年老貧病。據戴光曾《宋國史秋堂公詩文集‧跋》云：「淥飲老年貧病且有家累」……自云生平以書為命，今開卷輒泣，精神不振，檢束藏書已散，不復向此中討生活矣。」；〔註51〕戴氏又於《吾汶稿‧跋》中云：「予友鮑淥飲老而貧病，藏書散佚。」；〔註52〕另黃丕烈於《嵇康集‧跋》曰：「余得此於知不足齋，淥飲年老患病，思以去書為買參之資」。〔註53〕可見鮑廷博刻書耗盡家財，年老時家境不佳，復又患病，不得已將所藏之書售予他人，藏書也就漸漸散而不存。

鮑氏藏書散佚後的情形，宋元刊本多歸於黃丕烈及汪士鐘；抄本、校本於道光咸豐間歸歸安丁氏、仁和勞氏，後亦有歸於皕宋樓陸氏。〔註54〕不過，根據《桐鄉縣志》的記載，賜書堂中所藏之御賜《古今圖書集成》自鮑廷博至其子孫均世守珍藏，及至咸豐時粵寇之禍，文瀾閣藏書遭燼，復閣時獨缺《古今圖書集成》，後由鮑廷博曾孫鮑寅將賜書繳呈，才使文瀾閣藏書概復舊觀。〔註55〕而其所得之賜書《古今圖書集成》亦不復為其家所藏。

〔註48〕趙懷玉，《亦有生齋集文》，卷二葉二十六。
〔註49〕錢泰吉，《曝書雜記》，卷下，《書目叢編》（臺北：廣文，民國78年），頁195～196。
〔註50〕王文進，《文祿堂訪書記》卷四，《書目叢編》（臺北：廣文，民國79年），頁413～414。
〔註51〕同上註，頁426。
〔註52〕中央圖書館特藏組編，《標點善本題跋集錄》（臺北：中央圖書館，民國81年），頁557。
〔註53〕陸心源，《皕宋樓藏書志》，卷六十七，嵇康集，《書目續編》（臺北：廣文，民國57）。
〔註54〕蔡文晉，〈鮑廷博年譜初稿〉。稿本。
〔註55〕同註37。

二、刻　書

　　吳長元跋《知不足齋叢書》中之《斜川集》曰：「以文每得異書，不自珍
錮枕函帳祕，往往播在藝林，公諸同好，更能捐貲壽梓以續六百年一線之緒，
俾汲古之士得家置一編以供弦誦嚮之……」。〔註56〕鮑廷博蒐書不藏私，選善
本廣刊以傳，歷來刊刻不少書。以下就單刻、貲刻及刊刻叢書分項說明，《知
不足齋叢書》之刻則另章述之。

（一）單　刻

　　從文獻的記載及現今藏書目錄中可知，知不足齋曾刊有以下數種書：

《庚子銷夏記》八卷〔註57〕

《歷代紀元彙考》五卷〔註58〕

《古文論語》二卷〔註59〕

《名醫類案》十二卷〔註60〕

《赤雅》三卷〔註61〕

《寶繪錄》二十卷〔註62〕

《清河書畫舫》十二卷〔註63〕

《眞蹟日錄》一卷，《二集》一卷，《三集》一卷〔註64〕

《法書名畫見聞表》一卷〔註65〕

《南陽法書表》一卷，《南陽名畫表》一卷〔註66〕

〔註56〕吳長元，〈斜川集跋〉，《知不足齋叢書》，第二十三集。

〔註57〕見蔡文晉〈鮑廷博年譜初稿〉中乾隆二十五年及乾隆二十六年二條所引余集
　　　　及盧文弨跋語。北京圖書館現藏有一部（見《北京圖書館善本書目》），頁1333。
　　　　又，莫友芝《邵亭知見傳本書目》中記爲乾隆三十年鮑士恭精刊本十卷，恐
　　　　有誤。

〔註58〕北京圖書館藏有一部，見《北京圖書館善本書目》，頁279。

〔註59〕北京圖書館藏有一部，見《中國古籍善本書目》經部目三葉三十五。

〔註60〕丁丙，《善本書室藏書志》，卷十六：明醫類案（按：當爲《名醫類案》）：「同
　　　　邑鮑廷博乾隆三十五年重刊是書……」，臺灣大學研究圖書館現藏有一部。

〔註61〕中央圖書館藏有此書，此書版式與《知不足齋叢書》相同，唯於《赤雅‧序》
　　　　之葉版心下象鼻處無「知不足齋正本」之記，當爲單行本。

〔註62〕此書臺灣大學研究圖書館藏有一部。

〔註63〕莫友芝，《邵亭知見傳本書目》，卷九，《書目五編》（臺北：廣文，民國80年），
　　　　頁343。記爲「知不足齋刊本與清祕藏合刊巾箱本」。

〔註64〕同上註，頁344。記爲「知不足齋有別刊本不入叢書」。

〔註65〕同上註。記爲「知不足齋別刊本」。

〔註66〕同上註。記爲「知不足齋別刊本」。

《清河書畫表》一卷〔註67〕

《清秘藏》一卷〔註68〕

《白石詩集》一卷，附《詩說》一卷〔註69〕

《湖山類稿》五卷，《水雲集》一卷〔註70〕

《筠溪樂府》一卷〔註71〕

《逍遙集》一卷〔註72〕

《和靖詩集》四卷〔註73〕

《姜白石歌曲》四卷〔註74〕

《雪杖山人詩集》八卷〔註75〕

《四庫簡明目錄》〔註76〕

《樊榭山房集》〔註77〕

其中，今可得見之《名醫類案》（書影一）、《赤雅》及《寶繪錄》（書影二）三書版心下象鼻處有《知不足齋正本》之記，推測此當為知不足齋刻書之記。

另外，鮑廷博曾購得明仇英繪圖之《列女傳》書板，重將印行傳世。〔註78〕

〔註67〕同上註。記為「知不足齋別刊本」。

〔註68〕同上註，頁347。記為「知不足齋本，附其子丑真蹟日錄後」。丁丙，《善本書室藏書志》，卷十九：清祕藏二卷：「四庫所收為知不足齋刊，附子丑真蹟日錄後之本」。

〔註69〕莫友芝，《邵亭知見傳本書目》，卷十三，《書目五編》（臺北：廣文，民國61年），頁529。記為「知不足齋單刻本」。

〔註70〕鮑廷博於《知不足齋叢書》第三集《歸田詩話》卷中葉四之案語：「廷博案：汪元量有《湖山類稿》五卷，《水雲集》一卷，予曾重刻以傳」莫友芝，《邵亭知見傳本書目》，卷十三，《書目五編》，（臺北：廣文，民國80年），頁540。記為「知不足齋本」。

〔註71〕莫友芝，《邵亭知見傳本書目》，卷十六，《書目五編》（臺北：廣文，民國80年），652。記為〈知不足齋刊本〉。

〔註72〕同上註，卷十三，頁479。記為「知不足齋單行本」。

〔註73〕同上註，頁480。記為「知不足齋單行本」。

〔註74〕葉德輝，《郋園讀書志》，卷八：姜白石歌曲：「先是乾隆癸亥長塘鮑氏知不足齋曾刻此書，據稱亦陶南村鈔本，但并六卷為四卷，殊失原鈔之舊」。

〔註75〕見蔡文晉，《鮑廷博年譜初稿》所引，《北京人文科學研究所藏書簡目》：《雪杖山人詩集》八卷。記為「嘉慶六年鮑廷博校刊本」。

〔註76〕趙懷玉，《亦有生齋集文》，卷七葉一至葉二。

〔註77〕葉啟勳，《拾經樓紬書錄》：「一為乾隆辛巳其子志黼以手稿附鮑以文廷博校刊本」，《書目叢編》（臺北：廣文，民國78年），頁342。

〔註78〕葉德輝，《書林清話》，卷八（臺北：文史哲，民國77年），頁435。

（二）刊刻叢書

　　在叢書的刊刻上則刻有《知不足齋叢書》及《武英殿聚珍版叢書》。

　　據《武林藏書錄》記載，乾隆四十二年，《武英殿聚珍版叢書》完成，爲使廣爲流布，江南、江西、福建、浙江等地均承命開雕。其中浙江開雕三十九種，鮑廷博以其子鮑士恭之名，亦爲承刊者之一。而其所刊之《聚珍版叢書》與浙江進書之家振綺堂汪氏、壽松堂孫氏、大知堂汪氏所承刊者世人稱爲「三單本」。〔註79〕

　　鮑氏之承刊《聚珍版叢書》，據法式善《陶廬雜錄》中所記共有《易緯》等三十八種，〔註80〕較《武林藏書錄》所言浙江所刻有三十九種少了一種，惜《武林藏書錄》中並未明列浙江所承刻各書之書名，因而無法與法式善所記加以查考核對。

（三）貲　刻

　　除刊書之外，鮑廷博亦曾捐貲助浙江四庫提要〔註81〕及《聊齋志異》〔註82〕之刊刻。此外，亦接手盧文弨生前未能完成的《抱經堂文集》之刊刻工作。〔註83〕

三、輯　佚

　　鮑廷博留心於散佚之書，因而也重視輯補的工作，他曾輯有：

　　《金粟道人逸詩》四卷

　　《玉山逸稿》四卷

　　《讀畫齋偶輯》十一卷

〔註79〕丁申，《武林藏書錄》，卷上：重刊聚珍版諸書，《武林掌故叢編》（臺北：臺聯，民國56年），頁7444～7445。

〔註80〕法式善，《陶廬雜錄》，卷四，《近代中國史料叢刊》，第35輯（臺北：文海，民國55年），頁317～319。

〔註81〕阮元，《揅經室二集》，卷八：〈浙江刻四庫書提要恭跋〉，《揅經室全集》，《四部叢刊》（上海：商務，出版年不詳），頁333～334。

〔註82〕見蔡文晉，〈鮑廷博年譜初稿〉所引〈聊齋志異・趙起杲弁言〉：「此書之成，出貲勷事者鮑子以文」。

〔註83〕盧文弨，《抱經堂文集》，目錄注文：「乙卯之春，抱經先生整比自著文集，至冬十一月已刻成二十五帙，尚未定卷次先後，而先生遽歸道山，鮑以文力任剞劂藏工」。

《存悔齋文》一卷，《遺詩》一卷之《補遺》一卷〔註84〕

《南宋六十家集》九十六卷，所附之《宋集補遺》〔註85〕

此外，亦助阮元糾集、遴選《四庫》所未收之善本並助其審訂以撰寫提要呈進內府。〔註86〕

從以上鮑廷博的藏書、刻書、輯佚等活動看來，其一生均爲書籍的傳佈而努力，不但勤訪蒐購、傳鈔善本，更終老勤懇校書。爲傳佈圖書而不惜捐貲耗財，以至於貲蓄爲刻書所盡，然卻只歎床頭金盡，無法將待傳之書重刊行世。〔註87〕其於書籍傳佈之功，可爲當世之首而不爲過。

〔註84〕 以上各書分見北京圖書館編，《北京圖書館善本書目》（北京：該館，1975 年），頁 2295、2829、2256。此四書該館分別藏有一套。

〔註85〕 此書現有民國 10 年上海古書流通處影印本。另見 Harvard Library, *Chinese and Japa -nese Catalogue of the Harvard-Yenching Library*, vol. 19.（New York：Garland Publishing Inc., 1986），頁 685。《南宋群賢小集補遺》，二者內容相同。

〔註86〕 阮亨，《瀛舟筆談》，卷十一：「兄官學政巡撫時留意于東南祕書，或借自江南舊家，或購之蘇州番舶，或得之書舫，或鈔自友人，凡宋元以前爲《四庫》所未收，存目所未載者不下百種，爲兄訪求購借者浙之鮑以文廷博、何夢華元錫、嚴厚民杰之力爲多」。

〔註87〕 中央圖書館特藏組編，《標點善本題跋集錄》，〈丁鶴年詩集鮑廷博手跋〉：「……惜床頭金盡，不能重刊行世」。（臺北：中央圖書館，81 年），頁 583。

第三章　《知不足齋叢書》的刊印

　　《知不足齋叢書》的刊印，從乾隆四十一年（1776）第一集行世，[註1]
到道光年間最後一集完成，不但耗盡鮑廷博近半生的歲月、用盡家中貲財，
甚至由其子鮑士恭及孫鮑正言加以延續才得以完成。其間所耗之精力、財力
及人力可說相當的龐大。

　　對於《知不足齋叢書》的整個刊刻過程，鮑廷博及其子鮑士恭、孫鮑正
言都未有詳盡的記錄。因而，我們也只能從鮑氏在《知不足齋叢書》之跋語
中的零星記載、其友朋之言、各藏書家之藏書志以及現今所見《知不足齋叢
書》的各個版本、印本來瞭解這一部叢書刊刻、印刷及行世的各項資料。本
章就鮑氏叢書刊刻的原因、各子目選擇的標準、刊刻的態度、刊刻的時間、
叢書的版本及印本等五項加以探討。

第一節　刊刻叢書的原因

　　前一章曾經提到，鮑廷博對於藏書處理的態度是「喜借人看」，不但讓有
心一睹者得償其願，更希望善本書籍能夠流傳不已。因而，除了本身盡力傳
鈔珍本之外，行有餘力更廣刊書籍。然而，究竟是何原因使得鮑廷博下定決
心花費龐大的精力及財力刊刻一部集合二百餘種書籍的大部叢書。從叢書中
各書的跋語及相關資料，可以歸納出以下幾個可能的原因：

〔註 1〕 此年爲鮑廷博《知不足齋叢書》自序所題之年，當爲叢書第一集行世之年。
　　　　另見 Arthur W. Hummel ed. *Eminent Chinese of the Ch'ing Period.* (Taipei :
　　　　Ch'eng-wen, 1967), 612～613.

一、欲使前人心血得以流傳

鮑廷博在《獨醒雜志》一書後的跋語中說：「若夫楮墨易渝，棗梨速朽，百年以往再永其傳，則又後世君子之責也。〔註2〕」從這一段話可知，鮑氏認為，讓前人書籍能夠一直流傳下去，是後人的責任，因而，也以此深自期許。對於讓書籍不斷流傳的方法，從他在叢書自序以及《庶齋老學叢談》之跋語中，可得知他有獨特的看法，同時也可看出他決定刊刻叢書的原因：

《知不足齋叢書》自序云：〔註3〕

漢唐以降，數千百年論著為一家言者，奚啻充棟。史志所載，與夫藏弆家所著錄，名存而書亡者，又何可僂指數。惟薈萃一編，俾有所統攝，則諸子百家之撰述常聚也。宋左氏之《百川學海》、元陶氏之《說郛》、明陳氏之《祕笈》，前人頗以刪節譌脫少之。然左氏十集聚百餘種，陶氏正、續多至二千種，陳氏五集亦二百餘種，至今哀然具存，要非盡同一臠之嘗，較之漢唐亡書僅見於宋人類事及諸書注釋所引用，得其一鱗片甲以為快者，其所資益不已多也乎。此廷博所以汲汲為叢書之刻，意蓋有所感於斯也。

《庶齋老學叢談》鮑廷博跋云：〔註4〕

往讀某公所著《清暇錄》，歷數近來藏書家而自述其儲蓄之富，曾幾何時，悉已散為煙雲，渺茲一粟，漂流滄海中，杳不知其所之矣。因慨死生旦暮，聚散無常，予家所藏，異時豈能獨保，圖令後人復哀後人耳。間嘗語兒輩，與其私千萬卷於己，或子孫不為之守，孰若公一二冊於人，與奕禩共永其傳。此區區校刻叢書之苦心，竊欲共白於當世，而一為之勸也。

從以上兩段文字，我們可以清楚得知，鮑廷博之所以刊刻叢書，與其認為叢書於保存著作最為有功有極大的關係。

二、感念於乾隆之恩賜

乾隆三十八年鮑廷博獻書四庫館，由於為數多且精，使其獲乾隆恩賜《古今圖書集成》一部，並蒙乾隆於所獻之《唐闕史》及《武經總要》二書前親筆御題。鮑氏為感念皇恩，於是著手刊刻叢書以圖回報，也可說是促使其刊

〔註2〕 鮑廷博，〈獨醒雜志跋〉，《知不足齋叢書》，第二集。
〔註3〕 鮑廷博，〈知不足齋叢書自序〉，《知不足齋叢書》，首帙。
〔註4〕 鮑廷博，〈庶齋老學叢談跋〉，《知不足齋叢書》，第二十三集。

刻叢書的原因之一。

　　翁廣平所撰之〈鮑廷博傳〉云:「三十九年,拜《古今圖書集成》之賜。四十年,蒙恩給還所進書籍,內有《唐闕史》、《武經總要》二書並荷御題。四十五年,聖駕五次南巡,迎鑾獻頌,蒙賞大緞二匹,又疊荷賜《伊犁得勝圖》、《金川圖》,詔書褒獎。先生自念一介儒生,何以圖報,遂以所藏善本,付之梨棗,謹以御題《唐闕史》冠首,名《知不足齋叢書》,朝夕讎校,寒暑不輟,數十年如一日。」〔註5〕

　　《知不足齋叢書》第一集各序言之年代約在乾隆四十一年(1776),時間恰在鮑氏受賜《古今圖書集成》後不久,由此,可推知鮑氏刊刻叢書與其獻書受賜有一定的關係。

第二節　擇書入集的標準

　　我國歷史悠久,歷來著述無數,然受各種天災、人禍的影響,大多數散佚而失傳。鮑氏以傳古人書自許,但待傳之書極多,以其個人之精力、財力,勢必無法一一遍刻。因而,輯刻叢書之時,必然有一選擇的標準。而鮑氏所持之標準,根據他在叢書凡例的記載,主要有二:〔註6〕

一、有益見聞考鏡及實用價值者

　　　　先儒論凡有涉於經史諸子者,取其羽翼經傳裨益見聞,供學者考鏡之
　　　　助,方為入集,以資實用。餘如詩文專集卓然可傳者,間為另刻單行,
　　　　概不攙入,非盡謂吟詠篇章無關問學,蓋叢編裒集之體例宜然也。至
　　　　於詩話文史每及風雅遺事,多類說家,存之以備尚論取益焉。

由這一段敘述可知,其於內容的選擇,係以一書是否能夠有益見聞,或者是否具有實用的價值為標準。

二、前人未刻或已刻而將散佚或有偽誤者

　　　　是編諸書有向來藏弆家僅有傳鈔而無刻本者;有時賢先輩撰著脫稿
　　　　而未流傳行世者;有刻本行世久遠舊板散亡者;有諸家叢書編刻而
　　　　譌誤脫略未經人勘正者。始為擇取校正入集,若前人已刻,傳世甚

〔註5〕李桓輯,〈國朝耆獻類徵初編〉,卷四百四十一·文藝十九,《清代傳記叢刊》,
　　　　第184冊(臺北:明文,民國74年),頁252。
〔註6〕鮑廷博,〈知不足齋叢書凡例〉,《知不足齋叢書》,首帙。

廣，而卷帙更富，概未暇及。

可見，在版本的選擇上，鮑氏則以珍本及待進一步刊刻以糾正錯誤之書爲主。

第三節　刊刻叢書的態度

由於鮑氏視此叢書之刻爲一生之大業，因而所持之態度也就特別認眞和謹愼。於此，顏廣圻和趙懷玉二人有相當詳細的說明。

顏氏云：

> 每定一書，或再勘三勘，或屢勘數四勘，祁寒暑毒，舟行旅舍未嘗造次，鉛槧去手也。

又云：

> 梨棗之材，剞劂之匠，遴選其良，費而勿靳，生產斥棄，繼以將伯千百錙銖咸歸削氏，猶復節衣減食，禆補不足，視世間所謂榮名厚實快意怡情者，一切無堪暫戀，祇有流傳古人著述急於性命。〔註7〕

趙氏云：

> 晨書暝寫，句核字讎，迺始付梓人氏，棗梨既精，剞劂亦良，以是毀其家不自卹也。〔註8〕

從這些敘述，可得見鮑廷博已將全力投注於《知不足齋叢書》的刊刻。從底稿的勘定，到刻工、材料的選擇，均不惜耗費巨貲，期能有最好的成果。即使爲此而停止營商、耗損家財到必須節衣縮食亦在所不惜。也就因鮑氏如此的態度，才使叢書的刊刻工作得以順利進行，亦使其在各方面有需時，能得到當世學者及有識之士的協助。

第四節　叢書刊刻的時間

鮑廷博刊刻叢書的直接原因是由於乾隆賜書，時間在乾隆三十九年（1774）之時。由此推算，叢書的刊刻應始於乾隆三十九年之後。然而，整理叢書各子目中鮑氏跋語及題識的年代，卻不難發現，其中有不少係於此年之前所完成者。就此看來，叢書的刊刻年代應更早。不過，仔細審視這些早於1775年刊刻完成的子目，可發現這幾種書在版口下象鼻所記的是「知不足

〔註7〕顏廣圻，〈知不足齋叢書序〉，《思適齋集》，第十二卷，《春暉堂叢書》。
〔註8〕趙懷玉，〈知不足齋叢書序〉，《知不足齋叢書》，第十一集。

齋正本」，而非「知不足齋叢書」。而版口下象鼻處的「知不足齋正本」之記，
則是目前我們所能得見之鮑氏單刻各書的共同特色。由此，可推測包括《客
杭日記》等幾種早於 1775 年完成之各書，應爲鮑氏決定輯刊叢書之前即已刊
成，而於刊叢書時，將諸書匯入叢書之中。

　　至於叢書眞正刊刻的時間，從叢書中各書跋語及題識的年代，可以推測
整理如下：

表一：叢書刊刻年表

年代	書　　名	根　　　據
1769	（2）赤雅	鮑氏題識：乾隆己丑上浣六日歙西鮑廷博識於知不足齋
1772	（1）客杭日記	鮑氏題識：得閒居士鮑廷博題時乾隆壬辰六月朔日
	（3）對床夜語	鮑氏題識：乾隆壬辰十月十日古歙鮑廷博識於知不足齋
1773	（3）南濠詩話	鮑氏題識：乾隆癸巳七夕得閒居士鮑廷博識於知不足齋
1774	（3）石墨鐫華	鮑氏題識：乾隆甲午端陽前三日得閒居士鮑廷博識
1775	（1）寓簡	鮑氏題識：乾隆乙未六月十有三日歙長塘鮑以文氏識
	（1）涉史隨筆	牌記：乾隆乙未仲夏上瀚歙西長塘鮑氏校刊於家塾
	（2）公是先生弟子記	鮑氏題識：乾隆乙未上巳長塘鮑廷博謹識
	（2）獨醒雜志	鮑氏題識：乾隆乙未重午日長塘鮑廷博識于知不足齋
	（2）榕城詩話	朱文藻跋：乾隆乙未中春九日同里後學朱文藻跋
	（3）歸田詩話	朱文藻跋：乾隆乙未十月四日朱文藻跋
	（3）麓堂詩話	鮑氏題識：乾隆乙未仲秋上浣知不足齋後人鮑廷博識
1776	（1）古文孝經	牌記：大清乾隆丙申春正月上浣歙縣鮑氏家塾重雕
	（1）兩漢刊誤補遺	鮑跋：乾隆丙申十月下浣二日歙長塘鮑廷博以文氏跋
	（2）碧溪詩話	黃模題識：乾隆丙申陽月無雙後裔黃模敬書
	（2）梁谿漫志	鮑氏題識：皇清乾隆丙申距泰嘉元年晉陵施濟開版時六百四十有九年矣，是歲十月長塘鮑廷博識
	（3）猗覺寮雜記	牌記：乾隆丙申九月鮑氏知不足齋校刊
	（4）洛陽搢紳舊聞記	牌記：乾隆丙申孟春借吳氏池北草堂校本開雕

年代	書　　　名	根　　　據
1777	（4）孫子算經	牌記：大清乾隆四十二年二月倣汲古閣影宋本重雕
	（4）五曹算經	牌記：大清乾隆四十二年正月倣汲古閣影宋本重雕
1778	（4）釣磯立談	鮑氏題識：乾隆戊戌二月上浣得閒居士鮑廷博識
1779	（5）清虛雜著三種	鮑氏題識：乾隆己亥三月三日長塘鮑廷博識于知不足齋
	（5）補漢兵志	鮑氏題識：乾隆己亥十月既望得閒居士鮑廷博識
	（5）臨漢隱居詩話	鮑氏題識：乾隆己亥十月下浣三日長塘鮑廷博識于知不足齋
	（5）潏南詩話	鮑氏題識：乾隆己亥十月下浣五日長塘鮑廷博識于知不足齋
	（7）游宦紀聞	盧文弨題識：乾隆己亥十一月二日東里盧文弨坐西軒書
1780	（6）玉壺清話	鮑氏題識：乾隆庚子六月望日長塘鮑廷博識于寶繪堂
	（7）離騷草木疏	牌記：乾隆庚子季秋歙西長塘鮑氏知不足齋校正重雕
	（8）張丘建算經	牌記：大清乾隆四十五年十二月倣汲古閣影宋本重雕
	（8）緝古算經	牌記：大清乾隆四十五年十二月倣汲古閣影宋本重雕
	（8）南湖集	牌記：庚子初冬開雕
	（2）諸史然疑	牌記：乾隆庚子季秋校正重雕
1781	（9）金樓子	汪輝祖跋：乾隆四十六年嘉平七日蕭山汪輝祖跋
	（9）鐵圍山叢談	鮑氏題識：乾隆四十六年歲在辛丑十二月朔歙西鮑廷博識
	（9）於潛令樓公進耕織二圖詩	方溥寫記：乾隆辛丑正月十九日壬辰寫竟計一萬八千七百零五字仁和方溥記
1782	（10）蘭亭考	鮑氏題識：乾隆壬寅九月初一日歙長塘鮑廷博書於知不足齋
	（10）石刻鋪敘	鮑氏題識：乾隆壬寅九月一日知不足齋記
	（10）萬柳溪邊舊話	陳世彭寫記：乾隆壬寅正月二十九日校寫畢計八千一百八十九字陳世彭記
	（11）故宮遺錄	陳世彭寫記：壬寅正月二十七日校寫畢計三千三百八十九字陳世彭記
1784	（11）洞霄詩集	鮑氏題識：乾隆甲辰甲秋長塘鮑廷博手稿

年代	書　　名	根　　據
1785	（11）詩傳注疏	校刊記：乾隆乙巳仲春校刊計二萬四千五百三十三字
	（12）北山酒經	鮑氏題識：乾隆乙巳六月既望歙鮑廷博識於知不足齋
1786	（11）伯牙琴	鮑氏題識：乾隆丙午二月上浣歙縣鮑廷博識于知不足齋
	（12）鬼董	鮑氏題識：乾隆丙午七月既望歙鮑廷博識於知不足齋
	（12）佐治藥言	鮑跋：乾隆五十一年二月古歙鮑廷博跋
	（13）周端孝血疏	趙懷玉題識：乾隆五十一年閏月棘人趙懷玉浣手敬題
1787	（12）江淮異人錄	鮑氏題識：乾隆丁未十月既望歙長塘鮑廷博識于知不足齋
1788	（7）論語集解義疏	盧文弨題識：乾隆五十三年元夕前一日杭東里盧文弨書
	（13）張子野詞	鮑氏題識：乾隆戊申臘月朔歙鮑廷博識
1790	（14）袁氏世範	袁廷檮跋：乾隆庚戌孟冬古吳袁廷檮跋
1792	（15）聱隅子	嚴樹萼題識：乾隆壬子暮春芳椒堂主人嚴樹萼題
1792	（15）世緯	袁廷檮跋：乾隆五十有七年壬子秋七月朔十世從孫吳縣袁廷檮拜跋
	（17）浦陽人物記	戴殿泗題識：乾隆壬子秋七月浦陽後學戴殿泗譔
1793	（16）宣和奉使高麗圖經	鮑氏題識：乾隆癸丑端陽歙鮑廷博書於知不足齋
	（16）武林舊事	鮑氏題識：乾隆癸丑端陽後一日歙鮑廷博書於知不足齋
	（17）蘇沈內翰良方	鮑氏題識：乾隆癸丑十月上浣四日歙鮑廷博識於知不足齋
1794	（16）皇宋書錄	鮑氏題識：乾隆甲寅人日歙鮑廷博書於知不足齋
	（18）宜州家乘	鮑氏題識：乾隆甲寅正月立春對雪書於知不足齋
1795	（19）文苑英華辨證	鮑氏題識：乾隆乙卯二月十八日歙鮑廷博識於西湖沈氏山莊
	（19）世善堂藏書目錄	鮑氏題識：乾隆六十年五月十二日歙西鮑廷博識
1798	（20）測圓海鏡細草	阮元序：嘉慶二年正月乙酉內閣學士兼禮部侍郎文淵閣直閣事儀徵阮元序
	（20）蘆浦筆記	鮑氏題識：刻成記於西湖沈氏湖樓時嘉慶戊午七月十二日廷博書

年代	書　　名	根　　　據
1801	（21）孝經鄭註	鮑氏題識：大清嘉慶辛酉八月朔日古歙鮑廷博識於知不足齋
	（21）孝經鄭氏解輯	阮元題辭：嘉慶辛酉季冬儀徵阮元題
1803	（22）鑒誡錄	鮑氏題識：嘉慶癸亥十月二十四日通介老人鮑廷博識
	（22）侯鯖錄	鮑氏題識：嘉慶癸亥八月上浣三日古歙鮑廷博識
1803	（22）松窗百說	鮑氏題識：嘉慶癸亥十一月五日歙鮑廷博識於知不足齋
	（23）湛淵遺稿	鮑氏題識：嘉慶癸亥十一月五日鮑廷博識於知不足齋
1805	（23）石湖紀行三錄	鮑氏題識：嘉慶乙丑重九後一日通介叟鮑廷博寓友人趙晉齋竹崦盦識
	（23）庶齋老學叢談	鮑氏題識：嘉慶乙丑長至日通介叟鮑廷博識於知不足齋時年七十有八
	（23）灤京雜詠	鮑氏題識：嘉慶十年十一月十八日通介叟鮑廷博識
1808	（24）竹譜詳錄	鮑氏題識：嘉慶戊辰七日既望歙西鮑廷博識於青堆寓廬
	（24）書學捷要	趙魏題識：嘉慶戊辰秋八月望日晉齋趙魏書
1810	（25）履齋示兒編	鮑氏題識：嘉慶十五年立秋後四日長塘鮑廷博識于知不足齋
	（25）霽山先生集	鮑正言識語：嘉慶十五年歲次庚午七夕
	（26）斜川集	法式善跋：嘉慶十五年六月十四日柏山法式善病中述
1811	（25）履齋示兒編（辛未年重校補）	
1812		
1813	（26）五行大義	鮑氏題識：大清嘉慶十八年五月朔歙鮑廷博誌
1814	（28）雲林石譜	鮑氏題識：嘉慶十九年歙西鮑廷博謹識於知不足齋
1823	（29）梧溪集	顧廣圻題識：道光三年歲在癸未三月既望元和顧千里書於楓江僦舍
	（30）全唐詩逸	翁廣平跋：道光三年癸未立夏後十日吳江翁廣平海琛氏跋

　　從表中各書刊刻的時間可看出，此叢書刊刻，大致而言是按照各集的順序進行，不過，亦常見各集並行者，如第一至第三集，可說是同時進行，並無太大的前後差別。

鮑廷博刊《知不足齋叢書》，到嘉慶十八年第二十七集完成前夕，因患病不起，命其子續刊，後於隔年八月病逝。此後，叢書的刊刻工作改由其子鮑士恭及其孫鮑正言繼續進行。其中，鮑士恭刻成第二十七、二十八兩集，鮑正言刊成第二十九、三十兩集，〔註9〕時間已到道光年間。整個叢書，共歷將近六十年的時間才告完成。

第五節 叢書的版本

《知不足齋叢書》行世約二百餘年，歷來對於其版本或印本的敘述，除了謝國禎在其〈叢書刊刻源流考〉一文中提到鮑氏子孫曾將部份子目更刊為大冊，〔註10〕以及上海古書流通處景印本註中提到現今行世者多為嶺南翻刻者外，〔註11〕並未見其他記載說明《知不足齋叢書》版本及印本的狀況。然而，從現今傳世之各套叢書的版式、序跋中，我們卻可得見各書是明顯的經過修補、重刊的不同版本，而非由同一版所印出。

以下，就謝國禎、上海古書流通處之記錄，以及現今傳本之異同，對其版本加以說明：

謝國禎在〈叢書刊刻源流考〉中提到「鮑氏所刻叢書，至第二十七集而卒，而其子士恭為賡續成之，並取其書中善本，更刊為大冊，如汪氏《水雲集》、《湖山類稿》、《參寥子》、《唐闕史》等書凡十餘種」。〔註12〕然《知不足齋叢書》三十集二百零七種中並不包含《水雲集》及《湖山類稿》二書，此二書係鮑氏另單刻之書。《唐闕史》則為《知不足齋叢書》之首。可惜，謝氏並未提到此說之出處或根據，在其他資料中也未見有相同的記載。我們在現今傳本中，亦未見此經更刊之大冊本。因而，鮑氏子孫是否曾將《知不足齋叢書》中之部份更刊為大冊，則待往後詳細資料出現時才得證之。

另外，上海古書流通處景印許博明藏本時在書前註：「……年久板燬，其僅存者歸於粵東，一再補刻，魯魚觸目，初印之書，稀如星鳳。吳縣許博明

〔註9〕嚴辰等修，《桐鄉縣志》，卷十五人物下·寓賢，《中國方志叢書》，第77號（臺北：成文，民國59年），頁597。
〔註10〕謝國禎，〈叢書刊刻源流考〉，王秋桂、王國良合編，《中國圖書文獻學論文集》（下）（臺北：明文，民國72年），頁433。
〔註11〕上海古書流通處於其所影印之《知不足齋叢書》前所在之言。
〔註12〕同註10。

先生以重金購得初印三十集足本，爲鮑氏家藏本。字畫精神與通行本迥不相侔，且有印行之後一再校改者，故與通行本字句亦間有不同，即開卷總目數葉已爲向所未見，借印流布，想宏達所嘉許焉」。〔註13〕此段記載，說明當時所見叢書通行本爲粵東補刻之本，而許博明所購得者爲初印本，不但字體與通行本不同，且還有開卷總目及印行後再校改之註記。就目前臺灣所能見到的各套書來看，此話可得印證。以下，依臺灣地區所見之存本，就其同異，歸納爲幾個不同的版本：

一、原刻本，即鮑氏家塾所刻印者，現今所得見者有二

（一）上海古書流通處所景印之許博明家藏本

此刻在《唐闕史》之書名頁、題《唐闕史》部份均刻有龍圖。全書無補刻之記，亦無重校之記。書前無「內廷知不足齋詩」。有印行後手寫校改之記，無趙懷玉及顧廣圻所寫之叢書序，部份子目跋文較少。（書影三）

（二）原刻本（僅十八集，書影四）

叢書書名頁及序言裝訂於《古文孝經》之前，與羅振常在〈四部寓眼錄跋〉中所述：「於下鮑氏叢書共三十集，周氏所見祇十八集，蓋其時後十二集尚未刻也。周氏謂叢書以《孝經孔傳》冠首，今本則以《唐闕史》冠首，《孝經》退居第二，可見初印者首爲《孝經》，其後方改移也。」相符合。〔註14〕

此刻除了第十八集《吳船錄》中部份有「甲寅校正重刊」之記外，並無其他重刊或補校之語，而且印刷清晰，字體秀美，由此可見其書板未因久印而受損，應爲鮑氏原刻初印之本。

二、補刊本：（書影五）

各子目之序跋較前二種版本爲多，然於書中多處記有重刊、補刊之語（年代由乾隆至道光之間），此刻字跡較原刻模糊，亦有部份一片渙漫，字蹟難辨。可明顯看出，其書板已因久印而磨損。（書影七）

目前所得見之補刊本，其補刊之記之多寡、年代有別，其於叢書序所在位置亦間有差異，以下則將其與嶺南補刊本中所見之補刊記整理於下：（書影八）

〔註13〕同註11。

〔註14〕羅振常，〈四部寓眼錄補遺跋〉，〈四部寓眼錄補遺〉，《叢書集成續編》，第五冊（臺北：新文豐，民74年），頁349。

表二：各補刊之語比較表

補 刊 之 記	年　　　代	東海	師大	臺灣分館	嶺南重刊本
甲寅校正重刊	乾隆 59 年	✓	✓	✓	✓
嘉慶庚午重刊	嘉慶 15 年	✓	✓	✓	✓
壬申重刊	嘉慶 17 年（同治 11 年）	✓	✓	✓	
壬申修補	嘉慶 17 年（同治 11 年）	✓	✓	✓	✓
壬申修刊	嘉慶 17 年（同治 11 年）	✓			
癸酉刊	嘉慶 18 年（同治 12 年）	✓	✓	✓	
癸酉重刊	嘉慶 18 年（同治 12 年）	✓	✓		✓
癸酉修刊	嘉慶 18 年（同治 12 年）	✓	✓	✓	✓
嘉慶戊寅重刊	嘉慶 23 年	✓	✓	✓	✓
戊寅重刊	嘉慶 23 年			✓	✓
嘉慶己卯重刊	嘉慶 24 年	✓	✓	✓	
己卯重刊	嘉慶 24 年	✓	✓	✓	✓
道光辛巳重刊	道光 1 年	✓	✓	✓	✓
道光壬午重刊	道光 2 年	✓	✓	✓	✓
道光甲申修刊	道光 4 年		✓	✓	✓
道光甲申重刊	道光 4 年	✓		✓	
道光丙戌修刊	道光 6 年	✓	✓	✓	
道光辛丑重刊	道光 21 年				✓
道光壬寅重刊	道光 22 年		✓		
道光癸卯重刊	道光 23 年		✓		✓
癸卯重刊	道光 23 年		✓		✓
道光甲辰重刊	道光 24 年		✓	✓	✓
道光乙巳重刊	道光 25 年		✓		✓
道光丁未重鑴	道光 27 年		✓		✓
道光丁未重刊	道光 27 年		✓		
丁未修刊	道光 27 年				✓
戊申修刊	道光 28 年				✓
重刊	不明	✓	✓	✓	✓
同治辛未重刊	同治 10 年				✓

三、嶺南重刊本：（書影六）

此刻之叢書序多集中於《古文孝經》一書前，版口下象鼻有多處記有「同治辛未重刊」。此外，紙質明顯較其他本版本所用者粗糙易碎，且字體生硬歪斜，亦偶有錯字，與鮑氏原刊及補刊迥異（書影十）。今所見者，依其重刊記及牌記，可歸為三種：

（一）記為光緒年間嶺南重刊者

於叢書封面內頁有「光緒壬午嶺南芸林仙館印行」、《玉壺清話》一書前有「同治壬申補殘　嶺南蘇氏藏版」之牌記。此外，在書名頁書名之旁亦記有「光緒壬午領南盧氏重刊」、「肄水盧氏重刊」、「嶺南盧氏重刊」、「領南盧氏重鐫」、「肄江盧氏重刊」、「領南芸林仙館藏本」、「盧氏芸林仙館藏本」、「芸林仙館刊」、「盧氏芸林仙館重刊」（書影九）。可見，此刻應為上海古書流通處所言之粵東重刊本。

（二）僅記為嶺南重刊而未記年代者

書名頁書名之旁記有嶺南重刊或芸林仙館重刊等字樣，但並未見記有「光緒壬午嶺南盧氏重刊」之記及「光緒壬午嶺南芸林仙館印行」、「同治壬申補殘　嶺南蘇氏藏版」之牌記。

（三）未記為嶺南重刊者

此刻於字體、紙質一如前二者，版口下象鼻亦記有「同治辛未重刊」。推測當為嶺南重刊本。

現將初刻、補刊、重刊三種版本細部相異之處列表如下：

表三：各版本比較表

初　刻　本	鮑氏家藏本	補　刊　本	嶺南重刊本
叢書書名葉及序言在《古文孝經》之前（以《古文孝經》為首）	叢書書名葉及序言在《唐闕史》之前（以《唐闕史》為首）	一套以《唐闕史》為首（東海），兩套以《古文孝經》為首（臺灣分館、師大）	叢書書名葉及序言在《古文孝經》之前（以《古文孝經》為首）
題《唐闕史》為小字	題《唐闕史》四周雕有龍圖	題《唐闕史》為朱印大字	題《唐闕史》字體與補刊本不同
無「內廷知不足齋詩」	無「內廷知不足齋詩」		無「內廷知不足齋詩」
	《碧溪詩話》後無「乾隆癸卯仲春重校一過知不足齋記」		

初　刻　本	鮑氏家藏本	補　刊　本	嶺南重刊本
	《對床夜話》序文葉二「……去非頓首再拜」下無小字「尚幹疑省幹」		
			《涉史隨筆》無附錄（宋史傳略）
	《愧郯錄》無「乾隆癸卯仲春重校一過知不足齋記」		
	《張丘建算經》無「乾隆癸卯仲春重校一過知不足齋記」		
			誤將《緝古算經細草》中張敦仁嘉慶六年之題識裝訂於《緝古算經》一書中
	《默記》無「乾隆癸卯仲春重校一過知不足齋記」		
	《金樓子》無「乾隆癸卯仲春重校一過知不足齋記」；〈重編金樓子篇目〉後有：「金樓子仁和朱文藻附訂」及「金海寧吳騫附訂」		缺〈書金樓子後〉
	《鐵圍山叢》談無「乾隆癸卯仲春重校一過知不足齋記」		
	《湛淵靜語》無「乾隆癸卯仲春重校一過知不足齋記」		
	《貴備餘談》無「乾隆癸卯仲春重校一過知不足齋記」		
	《伸蒙子》「跋」之最後一行有手寫「乾隆甲辰一月初三日□錫奇校」		
	《麟角集‧附錄》後無「乾隆甲辰季春重校一過知不足齋記」及「甲寅仲夏覆校改正十九字廷博識」等語		

初　　刻　　本	鮑氏家藏本	補　刊　本	嶺南重刊本
	《蘭亭考》無「乾隆甲辰季春重校一過知不足齋記」		
	《蘭亭續考》無「乾隆甲辰季春重校一過知不足齋記」		
	《石刻鋪敘》無「乾隆甲辰季春重校一過知不足齋記」		
	《江西詩社宗派圖錄》無「乾隆甲辰季春重校」		
	《萬柳溪邊舊話》無「乾隆甲辰季春重校一過知不足齋記」		
	《詩傳注疏》前無趙懷玉所撰之〈知不足齋叢書序〉		
	《五國故事》無〈五國故事訂誤〉		
	《碧血錄》之〈碧血序〉與其他套不同		
	《新唐書糾謬》無〈顧澗賓手札〉及〈盧侍講手札〉		
	《洞霄圖志》缺李洧孫跋		缺「洞霄圖志題名」
	《孝經鄭註》缺〈重刊鄭注孝經序〉；部份正文欄線上方有小字注文		
	《天地間集》有書名頁（應為影印者自行補上）		
	《宋舊宮人詩詞》有書名頁（應為影印者自行補上）		
無此書	《履齋示兒編》無顧千里所撰之〈知不足齋叢書序〉；無〈示兒編覆校宋本條錄〉		《履齋示兒編》無〈示兒編覆校宋本條錄〉

初　刻　本	鮑氏家藏本	補　刊　本	嶺南重刊本
無此書	《斜川集》無〈跋〉		
無此書		《畫梅題記》缺金德興題識語	
			《籍紀》缺《陳書本傳》
			缺《清波二志總跋》
			缺「貞居詞補遺」
	《論語義疏》每卷後有校者記如：「仁和汪鵬校字」等等		

　　由上表可知，鮑氏原刻曾經補刊，之後，書板流至嶺南，為蘇氏所藏，後復由盧氏芸林仙館就部份重鐫刊行，三種不同版本於裝訂、序跋、校補多寡有相當的差異，值得使用此叢書者注意。至於細部文字內容上的差異，限於時間及精力，未作校比，則待有志之士賡續之。

第四章 《知不足齋叢書》之特色

　　《知不足齋叢書》之所以會廣受注目，且受藏書家好評，係在於其所具有之特點。於此叢書的特色，歷來有不少人提及和推崇。如清藏書家丁丙曾說鮑氏所刊叢書多人間祕本；〔註1〕謝國禎稱其有二善，曰凡收一書必首尾具足，及必校讎精審而後鏤版；〔註2〕李春光提出其書有五特點：（1）、多收罕見難得的珍本祕笈。（2）、注重實用，內容廣博，所收多為有價值之書。（3）、選用善本，校刊精審。（4）、所輯之書，必求首尾完備，序跋不遺。（5）、反映了中日兩國的文化交流；〔註3〕葛光認為此叢書刊刻有幾項特色：體例清晰；集中所收入書籍不僅限於家藏；編書態度嚴謹；與學友相切磋，集思廣益等。〔註4〕

　　以下即參考各家所述，與吾人研究所得，分就其版式、體例、內容、版本來源、校勘等分項說明之。

第一節　版　式

　　板匡高度約十二至十三公分，每半葉八至九行，每行十六至二十一字不等，左右雙欄，版心黑口，記有書名、卷數、葉數。

　　下象鼻記有「知不足齋叢書」等字樣（書影十一）。其中有幾種例外：

〔註1〕 丁丙，《善本書室藏書志》，卷六，〈班馬異同〉，《書目叢編》（臺北：廣文，民國56年），頁296～297。
〔註2〕 謝國禎，〈叢書刊刻源流考〉，王秋桂、王國良合編，《中國圖書文獻學論文集》，（下）（臺北：明文，民國72年），頁432～433。
〔註3〕 李春光，〈鮑廷博和《知不足齋叢書》〉，《文獻》，1986年第4期（1986年12月），頁259～271。
〔註4〕 葛光，〈鮑廷博與《知不足齋叢書》〉，《圖書館研究與工作》，1985年2期（1985年），頁36～39。

一、記爲「知不足齋正本」者：

《韻石齋筆談》、《客杭日記》、《赤雅》、《對床夜語》、《南濠詩話》、

《石墨鐫華》等六種。（書影十二）

二、記爲「桐華館訂正本」者：

《畫訣》、《畫筌》、《九經參傳沿革例》、《畫梅題記》等四種。（書影

十三）

三、無任何記語者：

《樂府補題》、《蛻巖詞》、《論語集解義疏》、《石湖詞》、《孝經鄭氏解

輯》、《北行日譜》、《夢粱錄》等七種。

部份子目後有牌記，記明刊刻時間；或於書前或書後記有其所選用之底

本或參校本。（書影十四）

第二節　體　例

在編輯的體例上，有幾個特點：

一、叢書前有凡例說明輯刊之標準及體例。

二、每八冊一函，一函爲一集，每集之首有書名頁及目錄。

三、隨校隨刊，不以特定方式分類分集。〔註5〕

第三節　子目的選擇

子目的選擇以罕見者爲主，是此叢書的主要特色。以下就鮑氏所述其擇

書入集的標準分項加以說明：

一、有傳鈔而無刻本、或流傳極少的罕見本

從叢書中鮑廷博及他人的題識和序跋中可得知，叢書中收有不少失傳已

久的罕見本：

《赤雅》

百餘年來爲世珍秘，流傳蓋寡。〔註6〕

《獨醒雜志》

〔註 5〕同註2。

〔註 6〕鮑廷博，〈赤雅跋〉《知不足齋叢書》，第二集。

自淳熙丙午家塾版行而後迄今六百餘年別無刊本。〔註7〕

《梁溪漫志》

　　是書宋雕不可得見，勝國時梁溪樵李俱經翻梓，傳亦漸寡。

鮑氏以二種明刻本參校影宋嘉泰本刊刻行世。〔註8〕

《對床夜語》

　　歷歲寖久，漸泯其傳，杭人鮮有能舉其姓氏者。

鮑氏以家傳舊鈔，勘正明活字本之誤刊刻而成。〔註9〕

《釣磯立談》

　　元本一百二十條，已亡佚過半，棟亭刊本復多殘闕。

鮑氏以吳枚菴所校補之汲古閣本爲底本，復參校以棟亭刊本行世。〔註10〕

《補漢兵志》

　　嘉定甲戌乙亥間瑞昌淮南一再版行，閱世既深，流傳漸寡。

鮑廷博以重金購得鈔本詳加讎比，正訛補闕。〔註11〕

《歸潛志》

　　至元大間鄉人孫和伯曾梓行之，歷爲藏弆家珍秘，僅有傳本而海內
　　或未盡見也。〔註12〕

《南湖集》

　　成於嘉定庚午，故不見收於晁氏《讀書志》，而陳氏《書錄解題》及
　　《宋史；藝文志》亦不詳其目，惟明文淵閣及《葉氏菉竹堂書目》
　　並載《南湖集》五冊，其餘藏書家罕有著錄者，……則此集之佚已
　　久矣。〔註13〕

《伸蒙子》

　　自宋人著錄外，藏書家有之者亦罕，爲可寶也。〔註14〕

〔註7〕 鮑廷博，〈獨醒雜志跋〉，《知不足齋叢書》，第二集。

〔註8〕 鮑廷博，〈梁溪漫志跋〉，《知不足齋叢書》，第二集。

〔註9〕 鮑廷博題識語，《對床夜語》，卷五，《知不足齋叢書》，第三集，民國十年上
　　　　海古書流通處據清鮑氏刊本影印，葉十二至十三。

〔註10〕 鮑廷博題識語，《釣磯立談》，《知不足齋叢書》，第四集，民國十年上海古書
　　　　流通處據清鮑氏刊本影印，葉四十五。

〔註11〕 鮑廷博，〈補漢兵志跋〉，《知不足齋叢書》，第五集。

〔註12〕 鮑廷博，〈歸潛志跋〉，《知不足齋叢書》，第五集。

〔註13〕 鮑廷博，〈刻南湖集緣起〉，《知不足齋叢書》，第八集。

〔註14〕 吳翌鳳〈伸蒙子題識〉語，附於〈伸蒙子跋〉之後，《知不足齋叢書》，第十集。

《萬柳溪邊舊話》

　　嘉靖中……凡三刻矣，嘉靖去今二百二十餘年而刊本無存，藏書家
　　大率傳鈔流布耳。

鮑廷博以舊本請校於朱文藻，以其所校成果加以刊行。〔註15〕

《詩傳注疏》

　　原本久佚，卷帙無攷，元人解詩互相徵引刪節，詳略亦各不同。

鮑廷博以吳長元於《永樂大典》及諸書中所輯出之輯本刊行。〔註16〕

《五國故事》

　　向無刊本，傳鈔多謬。〔註17〕

《酒經》

　　是書雖刻於《說郛》及《吳興藝文志補》，然中下兩卷已佚不存。

鮑氏則以吳枚菴所鈔之足本刊行。〔註18〕

《世緯》

　　惜未梓行，并失舊本。〔註19〕

《澠水燕談錄》

　　自商氏《稗海》殘缺本行於世，海內不見全書久矣。〔註20〕

《石湖紀行三錄》

　　嘉靖間曾刻於建安書坊，去今二百餘年，流傳絕少，此本其僅見也。
　　　　〔註21〕

《五行大義》

　　失傳已久，近德清許氏得自日本佚存叢書中，既校而刊之矣，惜傳
　　之不廣。

鮑氏將之輯入叢書中，使其廣傳。〔註22〕

〔註15〕朱文藻題識語，《萬柳溪邊舊話》，《知不足齋叢書》，第十集，民國十年上海
　　　古書流通處據清鮑氏刊本影印，葉二十一至二十二。
〔註16〕吳長元，〈詩傳注疏弁言〉，《知不足齋叢書》，第十一集。
〔註17〕吳長元，〈五國故事跋〉《知不足齋叢書》，第十一集。
〔註18〕鮑廷博，〈酒經跋〉，《知不足齋叢書》，第十二集。
〔註19〕袁廷檮，〈世緯跋〉，《知不足齋叢書》，第十五集。
〔註20〕鮑廷博，〈澠水燕談錄跋〉，《知不足齋叢書》，第二十三集。
〔註21〕鮑廷博，〈石湖紀行三錄跋〉，附於《知不足齋叢書》，第二十三集《桂海虞衡
　　　志》一書後。
〔註22〕鮑廷博題識語，〈五行大義後跋〉，《知不足齋叢書》，第二十六集。

《松窗百說》

稽之志乘，既不列其名，訪之藏書家，均不著錄。

復又因出之稍晚，未經《四庫全書》採錄，鮑廷博將之刻入叢書，使其能復傳於世。〔註23〕

二、諸家編刻而脫誤未經刊正者

收錄諸家所刻但脫誤不全的諸書以善本加以重刊，亦爲此叢書所具有的特色之一：

《寓簡》

是書間有鈔傳，亦鮮善本，前明畢孟侯叔昭昆季所刊尤多脫誤，甚或點竄原文，并分段落，謬本流傳，徒增古書一厄耳。

鮑廷博則以姚舜咨以宋刻勘定之本刊刻以存此書舊觀。〔註24〕

《玉壺清話》

此書訛脫，傳本皆然。

鮑廷博以吳枚菴校補之本刊刻以傳。〔註25〕

《蘭亭考》

庾司舊刻業已節刪過當，嗣經檇李翻雕，益增脫誤，百餘年來藏書家再從項本輾轉傳鈔，則別風淮雨幾無文義可尋，又不止承訛踵謬而已。

鮑氏則以柳大中影宋本爲底本還其舊觀。〔註26〕

《宣和奉使高麗圖經》

近世流傳惟明末海鹽鄭仲休重刊本，其間脫字凡數千，第二十七卷又錯簡不可讀。

鮑廷博以家藏鈔本參合鄭仲休刊本以正其謬誤。〔註27〕

《武林舊事》

流傳絕少善本。

〔註23〕鮑廷博，〈松窗百說跋〉，《知不足齋叢書》，第二十二集。
〔註24〕鮑廷博題識語，《寓簡》，卷十，《知不足齋叢書》，第一集，民國十年上海古書流通處據清鮑氏刊本影印，葉九。
〔註25〕鮑廷博題識語，《玉壺清話》，卷十，《知不足齋叢書》，第六集，民國十年上海古書流通處據清鮑氏刊本影印，葉十五。
〔註26〕鮑廷博，〈蘭亭考跋〉，《知不足齋叢書》，第十集。
〔註27〕鮑廷博，〈宣和奉使高麗圖經跋〉，《知不足齋叢書》，第十六集。

鮑氏以《讀書敏求記》中所記之元人傳自仇山村家足本，再校以明宋廷佐刻本及陳氏《寶顏堂秘笈》本刊刻傳世。〔註28〕

《侯鯖錄》

近惟《稗海》本行於世，誤書脫簡殊不耐觀。

鮑廷博以三種不同版本互校，復以他書證其異同，以去《稗海》本之脫誤。〔註29〕

《履齋示兒編》

惜宋刻不少概見，近惟明代潘方凱重刻本尚行於世，然疏於校讎，

訛謬百出，轉足貽誤後來，讀者病之。

鮑廷博請盧文弨、孫志祖、徐鯤、錢馥等人校潘刻之誤，而顧廣圻復又以姚舜咨鈔本重加校補，詳撰〈校補記〉於後，可說盡除潘刻之謬。〔註30〕

《霽山集》

嘉靖中遼藩光澤王重刊，刪除章註殆盡，同時馮彬亦有刻本，則又

任意割裂，失其本真。

鮑廷博命其孫鮑正言以家藏本參校刻入叢書。〔註31〕

第四節　內　容

就叢書的內容而言，有以下的特點：

一、內容廣博，注重實用

雖然，鮑廷博藏書以宋元文集見長，然就其輯刊的內容分析，可發現其內容範圍廣泛，若將其各子目以四部分類來分，可統計如下：〔註32〕

經部（共8種）

詩經類	2
四書類	1
孝經類	2

〔註28〕鮑廷博，〈武林舊事跋〉，《知不足齋叢書》，第十六集。

〔註29〕鮑廷博，〈侯鯖錄跋〉，《知不足齋叢書》，第二十二集。

〔註30〕鮑廷博，〈示兒編跋〉，《知不足齋叢書》，第二十五集；顧廣圻，〈示兒編跋〉，《知不足齋叢書》，第二十五集。

〔註31〕鮑正言，〈霽山集跋〉，《知不足齋叢書》，第二十六集。

〔註32〕各書之歸類以楊家駱《叢書子目類編》所歸之類為依據。

群經總義類　1

小學類　　　2

史部（共72種）

正史類　　　5

雜史類　　　15

載記類　　　3

史鈔類　　　1

史評類　　　3

傳記類　　　12

政書類　　　5

地理類　　　20

目錄類　　　6

金石類　　　4

子部（共69種）

儒學類　　　8

農家類　　　3

工藝類　　　1

醫家類　　　1

曆算類　　　11

術數類　　　3

藝術類　　　18

雜學類　　　15

小說類　　　8

道家類　　　1

集部（共50種）

楚辭類　　　2

別集類　　　18

總集類　　　5

詩文評類　　14

詞曲類　　　12

　　從以上統計可知，《知不足齋叢書》的內容包含的範圍相當廣，經史子集無所不包，其中又以地理、藝術、別集、雜史、雜學、詩文評、詞曲以及傳記類為主。

　　而其多經史考訂、傳記、地理，少有釋、道、術數看來，其於子目內容的選擇上注重實用、有價值之書。

二、多宋人著作

　　就叢書中子目作者年代加以統計，可得以下結果：

唐人著作 8 種

　　宋人著作 110 種；考證 1 種

　　元人著作 25 種；選、注 2 種

　　明人著作 20 種

　　清人著作 32 種；輯、補 2 種

其他：

漢	3 種
魏	1 種
梁	2 種
北齊	1 種
陳	1 種
後蜀	1 種
金	1 種
日本	2 種
不詳	2 種

　　在 207 種中，宋人著作有 110 種，佔二分之一以上。

三、首尾完善、序跋不遺

　　明代刻書任意割裂刪節，早為藏書家所病，明末清初以降，重考訂，刻書力求革明代之弊。鮑氏《知不足齋叢書》在刊刻時便特別注重能夠首尾完善，序跋不遺。除選擇足本為底本外，遇有缺文者必求他本印證補全。此外，為使原書意旨及流傳原委得表於後世，鮑氏每刊一書必力求序跋不遺，即遇無關書旨者，亦不令其淹沒。〔註33〕如《竹譜詳錄》缺自序一篇，即從四庫

〔註33〕鮑廷博，〈知不足齋叢書凡例〉，《知不足齋叢書》，首帙，民國十年上海古書流通處據清鮑氏刊本影印。

閣本補全；《碧溪詩話》曝書亭舊鈔本缺此書序跋，因而朱彝尊《曝書亭集》
及厲鶚《宋詩紀事》於此書作者均不詳始末，鮑廷博則購善本詳載序跋，收
有乾道四年陳俊卿序、乾道己丑黃永存跋、嘉泰三年其孫黃燾、咸淳己巳聶
棠等人之跋，使作者生平略可得見。可見其書序跋所收之全。〔註34〕

四、附相關參考資料

除刊書力求完善之外，於書後附加作者小傳或相關參考資料亦為此叢書
在內容上的一大特色。以下便就其於各書所附之資料整理如下：

表四：各書輯附之相關資料表

書　　名	附文之性質	附文條目及出處
寓　簡	傳　記	梅磵詩話
兩漢刊誤補遺	傳　記	吳中舊事
		崑山縣志
涉史隨筆	傳　記	宋史傳略
公是先生弟子記	解　題	晁公武郡齋讀書志
		趙希弁讀書附志
獨醒雜志	傳　記	浮雲居士曾行行狀
		浮雲居士曾達臣哀詞
釣磯立談	傳　記	鄭文寶南唐近事
		龍袞江南野史
		陸游南唐書
		馬令南唐書
歸潛志	傳　記	金史文藝
	解　題	王文簡公士禎歸潛志序
	解　題	錢曾讀書敏求記
黃孝子紀程	傳　記	黃孝子傳
責備餘談	傳　記	崑山縣志
		千頃堂藝文志
	作者作品小敘	作者作品小敘

書　　名	附文之性質	附文條目及出處
伸蒙子	傳　記	唐水部郎中伸蒙子林子家傳
麟角集	傳　記	王郎中傳
伯牙琴	傳　記	鄧文行先生傳
墨　史	傳　記	附錄
籟　記	傳　記	陳書本傳
		故陳智武將軍東中郎將東陽州刺史侍中國子祭酒新蔡王墓誌銘
新唐書糾謬	解　題	王氏揮塵錄
		晁氏讀書志
		陳氏直齋書錄解題
世　緯	傳　記	廣西題學僉事袁君墓志銘
宣和奉使高麗圖經	傳　記	宋故尚書刑部員外郎徐公行狀
武林舊事	序　跋	宋氏武林舊事跋（宋廷佐刻本跋）
	序　跋	陳氏秘笈後武林舊事序
	解　題	讀書敏求記一則
		西湖記一則
蜀難敘略	文中角之傳記	沈華陽傳
灊山集	相關短文	後村詩話一則
		後村詩話續集二則
		耆舊續聞二則
		困學記聞二則
		揮塵後錄一則
		隱居通議一則
西塘集耆舊續聞	相關詩作	文中所提人物之詩作
勿菴曆算書目	傳　記	梅先生傳
北行日譜	傳　記	任俠傳：朱文學
鄭所南先生文集	傳　記	先君菊山翁家傳
		鄭所南先生小傳（盧熊蘇州府志）
		趙宋太學鄭上舍墨蘭有序
	題　詠	題鄭所南行錄後
		題鄭所南宅樂橋東條坊巷
		附錄題詠（詠鄭所南）

書　　名	附文之性質	附文條目及出處
湛淵遺稿	傳　記	元故湛淵先生白公墓銘
斜川集	傳　記	宋史列傳
		宋故道直郎眉山蘇叔黨墓誌銘
		揮麈錄二則
		老學庵筆記三則
		雲麓漫鈔一則
		藏海詩話一則
靜春堂詩集	傳　記	故靜春先生袁君墓誌銘
		袁壽階先生傳
尊德性齋小集	傳　記	婺源縣志儒林傳

第五節　版本來源

一、慎選善本

鮑廷博為能有益於學者，刊刻均慎選善本，以求能還圖書之原貌，并使善本得以流傳不輟。就其輯刻叢書所根據的底本加以整理，可分為以下幾類：
〔註35〕

（一）宋刊本

《獨醒雜志》（宋淳熙丙午刊本）

《離騷草木疏》（邵位西藏宋刊本）

《離騷集傳》

《翰苑群書》

《潛虛》（宋淳熙刊本）

《聱隅子歔欷瑣微論》（芳椒堂藏宋刊本）

《鑒誡錄》（天籟閣藏宋本）

《梅花喜神譜》（宋刊本）

〔註35〕此處關於叢書刊刻所用之底本資料來源、為民國十年上海古書流通處影印本前所附之叢書總目。此叢書總目於各書下書有所據底本，據上海古書流通處所記，為許博明所藏之鮑氏家藏版《知不足齋叢書》所附，原稿係為鮑廷博手書，古書流通處依原式抄，並補第二十七集後之部份。此目所載與叢書中於書前、書後所載題記及各跋語所言相合，當無誤。

（二）影宋本

《梁谿漫志》（周松靄藏影宋嘉泰本）

《孫子算經》（汲古閣影宋本）

《五曹算經》（汲古閣影宋本）

《張邱建算經》（汲古閣影宋鈔本）

《緝古算經》（汲古閣影宋鈔本）

《蘭亭攷》（柳大中影宋本）

《蘭亭續攷》（柳大中影宋本）

《顏氏家訓》（述古堂影宋本）

《文苑英華辨證》（顧澗蘋校影宋本）

（三）元刊本

《洞霄詩集》

《山居新話》

《洞霄圖志》

《所南翁一百二十圖詩》

《鄭所南先生文集》

（四）元鈔本

《武林舊事》（惠氏藏元鈔本）

（五）明刊本

《歸田詩話》（明嘉靖盧襄刊本）

《石湖紀行三錄》（校補明刊本）

《齋山集》

（六）明鈔本

《唐闕史》

《寓簡》（明姚舜咨鈔本）

《兩漢刊誤補遺》（明葉石君鈔本）

《臨漢隱居詩話》

《默記》（明葉石君鈔本）

《五國故事》（明劍光閣鈔本）

《故宮遺錄》（明趙清常鈔本）

《蘆浦筆記》（明小草齋鈔本）

《灤京雜詠》

《竹譜詳錄》

（七）**永樂大典本**

《金樓子》

《南湖集》

《江南餘載》

《慶元黨禁》

《逍遙集》

《百正集》

《五代史記纂誤補》

《嶺外代答》

《灉山集》

《藏海詩話》

《畫墁集》

《斜川集》

（八）**舊鈔本**

《涉史隨筆》

《公是先生弟子記》（舊鈔宋淳熙本）

《入蜀記》

《對床夜語》

《四朝聞見錄附保姆塼跋尾》

《補漢兵志》

《宣和奉使高麗圖經》

《侯鯖錄》

《松窗百說》

《宋遺民錄》

《天地間集》

《宋舊宮人詩詞》

（九）**清鈔本**

《客杭日記》（屬樊榭鈔本）

《江西詩社宗派圖錄》（屬樊榭鈔本）

《貞居詞》（屬樊榭鈔本）

《碧溪詩話》（朱竹垞鈔本）

《隨手雜錄》（朱竹垞鈔本）

《清虛雜著補闕》（朱竹垞鈔本）

《續孟子》（吳枚庵鈔本）

《伸蒙子》（吳枚庵鈔本）

《北山酒經》（吳枚庵鈔本）

《蠶書》（萬作霖鈔本）

《御製耕織二圖詩》（萬作霖鈔本）

《湛淵靜語》（何義門鈔本）

《趙待制遺稿》（吳尺鳧鈔本）

《榕城詩話》（朱朗齋鈔本）

《天水冰山錄》（周石林鈔本）

《吹劍錄外集》（范堯卿鈔本）

《鐵圍山叢談》（雁里堂鈔本）

《農書》（小山堂鈔本）

《吳禮部詩話》（小山堂鈔本）

《張子野詞》（綠斐軒鈔本鮑廷博輯補）

《麓堂詩話》（倪建中鈔本）

（十）名家校本

《猗覺寮雜記》（何義門校本）

《洛陽搢紳舊聞記》（吳氏池北草堂壹校本）

《玉壺清話》（吳枚庵手校本）

《碧雞漫志》（錢遵王、陸紹曾校足本）

《蛻巖詞》（屬樊榭校本）

《游宦紀聞》（盧抱經校本）

《麟角集》（丁松齋校本）

《萬柳溪邊舊話》（朱朗齋校本）

《元貞子》（盧文弨校本）

《碧血錄》（盧文弨校本）

《新唐書糾謬》（錢竹汀校本）

《測圓海鏡細草》（李尚之校本）

《益古演段》（李尚之校本）

《履齋示兒編》（孫性谷、盧文弨校本）

（十一）原本（稿本）

《今水經》（稿本：黃氏續鈔原本）

《佐治藥言》（稿本）

《世善堂藏書目錄》（陳氏原本）

從上述各類刊刻的底本可看出，鮑氏選用不少舊本，即使是近世鈔本，也必選名家所鈔，以期能盡還原書舊觀。

清初學風重校勘，出現了不少名校家，而鮑氏也能善用這些名校家研究的成果，大量運用名家校本為叢書底本加以刊刻。使其因所選底本之善，而將譌誤降至最低。

第六節 校 刊

精校精刻可說是《知不足齋叢書》廣受好評的主要特點，以下，分校勘及刊刻二點加以說明：

一、校 勘

為求所刊之書能確切無誤，鮑氏刻書特重校勘，而其校勘之慎重，可由他的幾種作法看出：

（一）與他本參校

雖然鮑氏刻書已選善本為底本，然其並不以此為足，因恐所選底本仍有缺誤，每刻一書之前，若有他本可考，則必以之參校改正。其於各書所選用之參校本，現整理如表下：

表五：各書所用參校本

書　　名	底　　本	參　校　本
唐闕史	明鈔本	趙氏小山堂鈔本、桐華館鈔本參校
兩漢刊誤補遺	明葉石君鈔本	盧文弨校本參校
碧溪詩話	朱竹垞鈔本	善本參校

書　名	底　本	參　校　本
梁溪漫志	周松靄藏影宋嘉泰本	明刻本參校
對床夜語	舊鈔本	明活字本校
南濠詩話		明黃桓本及文衡山本合校
洛陽搢紳舊聞記	吳氏池北草堂壹校本	說郛本
濠南詩話	傳鈔萊陽趙氏本	文瑞樓、抱經堂等諸本參校
鐵圍山叢談	雁里草堂鈔本	璜川吳氏、涉園張氏鈔本參校
石刻鋪敘		嘉定錢氏（大昕）刻本、海鹽張燕昌瓜圃鈔本、沈大成臨何義門評本合校
五國故事	劍光閣鈔本	據盧抱經校本勘定
宣和奉使高麗圖經	舊鈔本	鮑以文家藏鈔本、明末海鹽鄭仲休重刊本合校
武林舊事	元鈔本	明宋廷佐刻本、陳氏寶顏堂秘笈本參校
蘇沈內翰良方	吳郡程氏藏足本	吳郡程永培刻本、殿本（聚珍本）參校
清波雜志	曹彬侯鈔本	姚舜咨本、商氏稗海本參校
清波別志	茶夢散人寫本	沈果堂手校本、曹倦圃藏本參校
西塘集耆舊續聞		以家藏二本、丁小山鈔本、吳枚菴鈔本參校
鑒誡錄	天籟閣藏宋本	以家藏本參校
侯鯖錄	舊鈔本	明芸川書院本、天啓間海虞三槐堂坊刻本參校
庶齋老學叢談	汪西亭藏本	錢功甫鈔本參校
困學齋雜錄		明鈔本、鮑氏家藏舊時手錄本

（二）與他書參校印證

除了以別本校書外，為免因多本同樣的訛誤無法校出，鮑氏亦用相關的資料進行內證的工作。如《補漢兵志》一書與《漢書》、《漢官儀》互證；《歸潛志》以《中州集》、《金史》及《遺山集》互證；《玉壺清話》參證於《宋史》；《離騷草木疏》以《爾雅》、《楚辭》、《政和本草》等書參校；《鐵圍山叢談》

則以《宋史》、《東都事略》、《臨安志》等重要資料互證……等等。〔註36〕

（三）請名校家校書

　　鮑廷博交遊遍及當時名校家，這些名家對於鮑氏刻叢書均表贊賞及支持，而鮑氏也請這些名校家以其專長，擔任校訂的工作。如盧文弨之校《履齋示兒編》；顧廣圻校《履齋示兒編》〔註37〕、《新唐書糾繆》；〔註38〕錢大昕校《新唐書糾繆》；〔註39〕李銳算校《益古演段》；〔註40〕朱文藻校《歸田詩話》〔註41〕、《萬柳溪邊舊話》；〔註42〕馬以良算校《益古演段》、《弧矢算術細草》、《續古摘奇算法》、《丁巨算法》〔註43〕等。

（四）一再覆校改正

　　叢書刊刻以後，鮑氏覆校將錯誤加以改正，亦為其書特色之一。《知不足齋叢書》成書之後有兩次較大規模的校正，分別是乾隆癸卯仲春（乾隆四十八年）重校《五曹算經》、《愧郯錄》、《游宦紀聞》、《張丘建算經》、《默記》、《南湖集》、《金樓子》、《鐵圍山叢談》、《湛淵靜語》、《賓備餘談》等書；〔註44〕以及乾隆甲辰季夏（乾隆四十九年）重校《麟角集》、《蘭亭考》、《蘭亭續考》、《石刻鋪敘》、《江西詩社宗派圖錄》、《萬柳溪邊舊話》等書。〔註45〕（書影十五）

　　此外，乾隆甲寅（59年）時覆校改正《麟角集》〔註46〕及校正重刊《吳船錄》。〔註47〕可說明鮑氏在叢書問世之後仍不斷進行校改的工作。

〔註36〕以上資料，可參看叢書中鮑氏於各書多處所附之案語。
〔註37〕同註30。
〔註38〕傅增湘，《藏園群書題記》，卷一、〈明刊新唐書糾繆跋〉。
〔註39〕同上註。
〔註40〕李銳，〈益古演段跋〉，《知不足齋叢書》，第二十一集。
〔註41〕朱文藻，〈歸田詩話跋〉，《知不足齋叢書》，第三集。
〔註42〕同註15。
〔註43〕馬以良所校分見《知不足齋叢書》，第二十一集《益古演段》、《弧矢算術細草》；第二十七集《續古摘奇算法》、《丁巨算法》等書後所記：「桐鄉馬以良再校」、「同鄉後學馬以良校字」、「桐鄉馬以良算校」之語。
〔註44〕以上諸書除上海古書流通處所影印之版本外，其餘各版本於各書均記有「乾隆癸卯仲春重校一過知不足齋記」。
〔註45〕以上諸書除上海古書流通處所影印之版本外，其餘各版本於各書後記有：「乾隆甲辰季春重校一過知不足齋記」或「乾隆甲辰季春重校」。
〔註46〕第十集《麟角集》一書除上海古書流通處所影印之版本外，其餘各版本均於其後記有：「甲寅仲夏覆校改正十九字廷博識」。
〔註47〕各版本之第十八集《吳船錄》卷上葉一至二十四，卷下葉三等諸葉於版心下

二、刊　刻

　　對於叢書的刊刻，鮑廷博在凡例中曾說：「遇互異之處，擇其善者從之，義皆可通者兩存之，顯然可疑而未有依據者仍之而附注按語於下，從未嘗以己見妄改一字」。前段曾提到鮑氏校勘之勤，不但以別本，更以別書互校。從現今存本《知不足齋叢書》可知，鮑氏刊刻叢書時，均將校勘所得之異處以按語附注於原文之下；間有大量刊誤、訂誤、補疑、補缺者，則附於書後以供參考之用。此亦為其書一大特色。

象鼻處均記有：「甲寅校正重刊」。

第五章　《知不足齋叢書》的價值及影響

第一節　學術上的價值

　　《知不足齋叢書》蒐羅的內容廣博，其在學術上的價值也是多面性的。
以下分項說明：

一、提供重要的史地研究資料〔註1〕

　　在《知不足齋叢書》中收有不少關於歷史考辨及見聞雜錄一類的作品。

　　（一）在歷史考辨方面，《兩漢刊誤補遺》引據廣博，補充了劉攽等人
《兩漢書刊誤》的疏略；《新唐書糾謬》舉四百餘事駁正《新唐書》的錯誤；
《修唐書史臣表》提供史學史研究的資料；《五代史纂誤》及《五代史纂誤
補》則剖析歐陽修《五代史記》的疏漏。這些書均對治史者提供了重要的補
充資料。

　　（二）在見聞雜錄方面《梁溪漫志》多記當代事，尤詳典章制度，對於
編修宋朝高宗、孝宗、光宗三朝正史有大助益；《四朝聞見錄》敘南宋高宗、
孝宗、光宗、寧宗四朝軼事，是僅次李心傳《建炎以來朝野雜記》而足以補
史傳之缺的一部書；《獨醒雜志》多記兩宋遺聞，可補史傳不足；《朝野類要》
引當代朝廷政事，分類標目逐條解釋，《四庫提要》稱其「誠爲有功於考證」；
《五國故事》所記與史傳互有異同或史傳所不載之處可爲研究五代史資料之
補充；《歸潛志》記錄金國瑣事軼聞和金末的重要文獻，《金史》多處取材於

〔註1〕 以下關於《知不足齋叢書》於史地研究之價值，主要係以遼寧大學歷史系李
　　　　春光先生〈鮑廷博和《知不足齋叢書》〉一文中所述爲本。

此。此書和元好問的《壬辰雜編》並行於世,《壬辰雜編》後亡佚,此書益發珍貴;梁元帝的《金樓子》多載古今治亂事跡,徵引不少已亡佚的周秦異書,其所記典籍源流可補諸書所未備;另如《碧血錄》、《北行日譜》、《粵行紀事》等書對於了解晚明歷史都有一定的價值。

（三）地理方面,《宣和奉使高麗圖經》記高麗國之山川風俗、典章制度、接待之儀文等;《嶺外代答》記述西南地區少數民族的軍制、法制、戶譜、財政、民風習俗及物產等情況;《赤雅》記載廣西岑、藍、胡、侯、槃五姓土司之處的山川風土、儀物、歌舞、戰陣之制;《故宮遺錄》則對於元朝故宮門關、樓台、殿宇等物之美記錄詳備。這些地理方面的書籍,對於風土、人物、民俗等的研究,提供了相當重要的資料。

也正由於《知不足齋叢書》中收有如此大量的史地資料,才有備史料者當取材於《知不足齋叢書》等類之說法。由此可知,此叢書對於史地研究資料的提供,具有相當高的價值。

二、序跋完整,提供研究版本流傳的重要資料

鮑氏刻書不刪序跋,使得原書意旨及該書所歷經的流傳資料得以保存,而歷來收藏家所附之題跋、識語亦多記作者考訂、版本流傳。如《武林舊事》中收有宋廷佐刻本跋及陳氏《寶顏堂秘笈》本之序,又附《讀書敏求記》所記《武林舊事》一則,詳歷來流傳之資料,鮑氏亦於書後題識以記其底本及參校之所據。這些記錄均是研究目錄、版本的重要參考資料。因而,其對於目錄、版本學研究而言,具有極高的價值。

三、選擇善本,刊正傳本訛誤之處

《知不足齋叢書》針對傳本的訛誤,選擇善本,精校精刻,並將各不同傳本參校互異之處及校記附註於書中,如《釣磯立談》一書用曹氏棟亭刊本校後,於正文中以小字註明曹刻誤處;又如《侯鯖錄》以明海虞三槐堂坊刻本、《稗海》本、芸川書院本、舊鈔本互校後註有各本之異;《藏海詩話》中註有四庫館本及李氏《函海》本相異之處;《履齋示兒編》附有顧廣圻校後所撰之〈履齋示兒編辛未年重校補〉及〈示兒編覆校宋本條錄〉。不但刊正傳本的訛誤之處,更使往後學者能承其校勘的成果。

四、輯附之相關資料可供研究參考

叢書中輯附作者傳記、遺事、遺文及解題書錄,如《鄭所南先生文集》

後附有三種不同傳記及各家題詠;《責備餘談》除附作者方鵬傳記外亦有其作品小敘一篇。這些資料使後世對作者背景及該書意旨能有更深入的認識,相當具有價值。

第二節 文化上的價值

在文化的保存和資料的流傳上,《知不足齋叢書》具有以下的價值:

一、使罕本、善本得以流傳

天災、人禍的頻仍,往往使得作者歷多年寒暑嘔心瀝血之作品,無聲無息的淹沒在歲月的流逝中。前朝廣傳的著作,也常在後代失傳。現今所存前人作品,與歷代藝文志所載相比,如同滄海一粟。而歷經多代翻刻的著作,因後人揣測擅改而失原意者更為書籍一大厄。《知不足齋叢書》輯刻罕本、善本,使得這些著作得以流傳於後世,保存了前人思想、文化的精華。

二、使清人作品得以流傳

除罕本及有譌誤之書外,鮑氏選擇叢書子目的另一類為「賢先輩撰著脫稿而未流傳行世者」,〔註2〕從叢書著者的統計中可知,除宋人著作外,《知不足齋叢書》刻有清人著作三十二種,其來源主要是鮑氏交遊之名流學者將當時學人值得廣傳之著作交付,希望這些作品能藉著《知不足齋叢書》的行世而得以流傳,共饗於士林。這些作品中有不少於脫稿時因篇幅,及作者財力的關係無法刊刻行世,而《知不足齋叢書》輯刻這些作品,其於流傳清人作品之價值自不言可喻。

三、發揮輯佚的功能

為使所刻書能首尾完善,鮑廷博耗費極大的心力蒐羅遺缺的部分,將其集合起來,例如《張子野詞》見遺於汲古閣《六十家詞》刻之外,而鮑廷博從綠斐軒鈔本得一百零六闋,從《亦園十家樂府》得六十三闋,又從諸家選本中採輯十六卷共得一百八十四闋,使《張子野詞》能收羅無遺;〔註3〕又如《伯牙琴》由元迄明亡佚過半,鮑氏在殘存舊文之外增文五篇,補詩十三章,使遺佚之詩文得再聚集;〔註4〕又《南湖集》則於四庫館閣原編外據史志補其

〔註2〕 鮑廷博,〈知不足齋叢書凡例〉,《知不足齋叢書》,首帙。
〔註3〕 鮑廷博,〈張子野詞跋〉,《知不足齋叢書》,第十三集。
〔註4〕 鮑廷博,〈伯牙琴跋〉,《知不足齋叢書》,第十一集。

漏佚遺文；〔註5〕《草窗詞》由《絕妙好詞》補詞十八闋，從《蘋洲漁笛譜》
補詞二十二闋附於後。〔註6〕諸如此類之輯補使其叢書充份發揮輯佚的功能，
也使之於文化保存上更具價值。

第三節　對叢書刊刻的影響

　　《知不足齋叢書》行世之後，因其廣收珍本、精校精刻而受當時名士學
者之好評，以致有「世之學者，每聞《知不足齋叢書》出，必爭先購之以爲
快」、〔註7〕「知不足齋版片滿家，印本遍天下」〔註8〕之說，而鮑氏也因獻叢
書受御賜，以舉人名滿天下。自此以後，「士之篤志嗜古者擩染沐浴，聞風興
起」。〔註9〕

　　受鮑氏《知不足齋叢書》影響而刊刻的叢書，較重要者有以下數種：

一、顧修《讀畫齋叢書》

　　顧修，字菉崖，浙江石門人，家富藏書。每得一書必與鮑以文商榷論定，
另又得蕭山徐北溟校勘，後仿鮑書之例刻《讀畫齋叢書》八集，一百三十種。
內容取其攷據經史有稗實用者，不參以短書小說，不限時代，亦不分四部，〔註
10〕將《知不足齋叢書》所未收之宋元版善本輯入叢書中；又於書中附有輯補
及與他本互異處之按語；另於書前或書後記其版本來源、價值，間有部份附
《四庫提要》於前。此叢書於版式亦與鮑氏《知不足齋叢書》相同，每半葉
九行，每行二十字，版心記書名，版口下象鼻記「讀畫齋叢書」。全書各處均
可看出其受《知不足齋叢書》之影響頗鉅。

二、鮑廷爵《後知不足齋叢書》

〔註 5〕鮑廷博，〈刻南湖集緣起〉，《知不足齋叢書》，第八集。
〔註 6〕丁丙，《善本書室藏書志》，卷四十，《草窗詞》，《書目叢編》（臺北：廣文，
　　　　民國 56 年）。
〔註 7〕盧文弨，〈徵刻古今名人著作疏〉，《知不足齋叢書》，第二十六集，民國十年
　　　　上海古書流通處據清鮑氏刊本影印。（其於各版分附於其他集處）。
〔註 8〕顧廣圻，〈知不足齋叢書序〉，《知不足齋叢書》，首帙，光緒壬午嶺南重刊本。
　　　　（民國十年上海古書流通處所影印之版本無此序，其餘補刊本則置於第二十
　　　　五集）；此序亦見於顧廣圻《思適齋集卷》十二。
〔註 9〕顧修，〈讀畫齋叢書序〉，《讀畫齋叢書》，《百部叢書集成》（臺北：藝文印書
　　　　館，民國 57 年）。
〔註10〕同上註。

鮑廷爵，字叔衡，安徽歙縣人，寄居常熟。其父振芳喜藏古書，廷爵續加博采旁搜，竭數十年之力匯成《後知不足齋叢書》，以示慕鮑廷博之風。〔註11〕其書共八函五十六種，收書亦求「有稗於實學」，〔註12〕並有「校刊精審，有非近時鉛槧家所能及者」之稱。〔註13〕

三、蔣光煦《別下齋叢書》

蔣光煦，字日甫，號生沐，自號「放庵居士」，浙江海寧人。少孤好學，喜購書。藏書五萬餘卷，有宋元舊刊、精鈔及世所罕見者。道光年間，仿鮑氏而刻《別下齋叢書》，輯書二十七種，〔註14〕亦以刊刻罕本、採錄精審而著稱。吳德旋序云：「生沐於古人之書，網羅放矢，皆鮑氏之遺，而並世之人，有著述媲美於前賢而未及梓以行世者，亦采錄以公諸同好」。〔註15〕

四、錢熙祚《指海》

錢熙祚，字雪枝，一字錫之，金山縣人。家富藏書，又好校勘之學。道光中由陳璜處得張海鵬《借月山房匯鈔》殘版，復據己所藏之書增益補校，以僅存而無刊本者、版廢不可再得者、別本單行易于散佚者等原則，〔註16〕「仿鮑氏《知不足齋叢書》例，采集遺珠輯爲《指海》」。〔註17〕全書共二十集，一百三十六種。

五、潘仕成《海山仙館叢書》

潘仕成，字德畬，廣東番禺人。以「但擇前賢遺編，足資身心學問，而坊肆無傳本者」爲標準，仿鮑氏之例，集罕見之本；並用「務存原文，不欲妄加刪節」的謹慎態度，收書五十六種，刊爲《海山仙館叢書》。〔註18〕

六、伍崇曜《粵雅堂叢書》

伍崇曜，原名元薇，字紫垣，廣東南海人。伍氏家富又喜藏書。仿鮑氏知

〔註11〕劉尚桓，《古籍叢書概說》（上海：上海古籍出版社，1989），頁116。
〔註12〕潘增瑋，〈後知不足齋叢書序〉，《後知不足齋叢書》，《百部叢書集成》（臺北：藝文印書館，民國57年）。
〔註13〕同上註。
〔註14〕同註11，頁109。
〔註15〕吳德旋，〈別下齋叢書序〉，《別下齋叢書》，《百部叢書集成》（臺北：藝文印書館，民國54年）。
〔註16〕同註11，頁105～106。
〔註17〕錢培讓、錢培杰，〈指海跋〉，《指海》，《百部叢書集成》（臺北：藝文印書館，民國56年）。
〔註18〕同註11，頁108。

不足齋之例，凡前人已刊刻之書，皆不採擇，〔註19〕輯爲《粵雅堂叢書》三編三十集，共一百九十種。並於所收之書後附跋文敘述源流及作者生平。〔註20〕

　　除上述幾種重要叢書外，高承勳《續知不足齋叢書》，佚名《仿知不足齊齋書》仿鮑氏體例，並沿用其名；李廷光《榕園叢書》、方功惠《碧琳琅館叢書》亦爲風聞而起者。〔註21〕造成有清一代刊刻叢書的一大風潮，不但使刻書風氣日盛，更推動了叢書的發展，影響不可謂不大。

〔註19〕潘美月，〈清代私家刊本特色〉，古籍鑑定與維護研習會編輯委員會編，《古籍鑑定與維護研習會專集》（臺北：中國圖書館學會，民國74年），頁155。
〔註20〕同註11，頁110。
〔註21〕同註19。

第六章 《知不足齋叢書》之存藏狀況

　　《知不足齋叢書》一直到光緒年間仍在補刊，風行一時。從清朝各藏書家藏書志中的頗多評語看來，其書在當時必廣爲流傳。現今已時隔百餘年，中間雖經戰亂，我們從圖書館藏書目錄中仍能看到關於《知不足齋叢書》之書目記錄，可見，此書現今仍流傳於世。以下，即分地區就其現今流傳的狀況加以敘述。其中，臺灣地區部份爲親往查閱所得，併將各館所存各套之存缺狀況列表說明；中國大陸及美、日地區則就其圖書館現行出版之藏書目錄所載加以說明。

第一節　臺灣地區

　　目前於臺灣地區圖書館所見，藏有《知不足齋叢書》者有以下八處：

國立臺灣大學研究圖書館	（二部）
國立師範大學典藏室	（一部）
私立東海大學古籍室	（一部）
（另有零本：浦陽人物記、默記）	
私立東吳大學普通書庫	（一部）
國立故宮博物院圖書文獻處	（一部）
國立中央圖書館善本書室	（一部）
國立中央圖書館臺灣分館閱覽組	（一部）
孫逸仙圖書館	（一部）

　　其中國立臺灣大學研圖「烏石文庫」所藏者爲鮑氏原刻本；師大、東海、央圖臺灣分館所藏爲嘉慶、道光間修補重刊本；臺大研圖另一套、故宮博物院、中央圖書館、東吳大學、孫逸仙圖書館所藏則爲嶺南重刊本。〔註1〕各館所藏之存缺狀況如表六：

表六：各圖書館藏本存缺表

（中央圖書館所藏者因曾遭水浸，不宜逐頁翻閱，故略之）

第 一 集							
書　名	臺 大 （初刻本）	臺 大 （嶺南重刊本）	東 海 （補刊本）	師 大 （補刊本）	央圖臺灣分館 （補刊本）	故 宮 （嶺南重刊本）	東 吳 （嶺南重刊本）	孫逸仙圖書館 （嶺南重刊本）
唐闕史		缺此書						缺「題唐闕史」
古文孝經				缺此書				
寓簡					缺卷1-5			
兩漢刊誤補遺								
涉史隨筆							缺此書	
客杭日記							缺此書	
韻石齋筆談							缺此書	
七頌堂識小錄							缺此書	

第 二 集							
書　名	臺 大 （初刻本）	臺 大 （嶺南重刊本）	東 海 （補刊本）	師 大 （補刊本）	央圖臺灣分館 （補刊本）	故 宮 （嶺南重刊本）	東 吳 （嶺南重刊本）	孫逸仙圖書館 （嶺南重刊本）
公是先生弟子記							缺此書	
經筵玉音問答							缺此書	
碧溪詩話							缺此書	另有初刻本

〔註1〕 中央圖書館所藏爲烏拉圭中國國際圖書館所送回之版，據其書目記載，爲民國十年上海古書流通處影印本，然就筆者實際查閱，其首帙前有「光緒壬午嶺南芸林仙館印行」之牌記，各書中亦有重刊、補刊之記，且於字體、紙質看來，當爲光緒年間嶺南重刊本，而由上海古書流通處所影印全無補刊之記的鮑氏家藏本。

書　名	臺　大 （初刻本）	臺　大 （嶺南重刊本）	東　海 （補刊本）	師　大 （補刊本）	央圖臺灣分館 （補刊本）	故　宮 （嶺南重刊本）	東　吳 （嶺南重刊本）	孫逸仙圖書館 （嶺南重刊本）
獨醒雜志								
梁谿漫志						缺卷8葉12	缺此書	
赤雅					缺「赤雅跋」		缺此書	
諸史然疑							缺此書	爲初刻本
榕城詩話							缺此書	爲初刻本

第　三　集								
書　名	臺　大 （初刻本）	臺　大 （嶺南重刊本）	東　海 （補刊本）	師　大 （補刊本）	央圖臺灣分館 （補刊本）	故　宮 （嶺南重刊本）	東　吳 （嶺南重刊本）	孫逸仙圖書館 （嶺南重刊本）
入蜀記							缺此書	
猗覺寮雜記			缺卷上葉41	缺卷下葉33、34				
對床夜話						缺卷1葉5	缺此書	
歸田詩話							缺此書	
南濠詩話				缺葉33（補錄及鮑廷博識語）			缺此書	另有初刻本
麓堂詩話							缺此書	另有初刻本
石墨鐫華				缺卷6葉7、8、9、10缺鮑廷博識語		缺卷8葉3		

第　四　集								
書　名	臺　大 （初刻本）	臺　大 （嶺南重刊本）	東　海 （補刊本）	師　大 （補刊本）	央圖臺灣分館 （補刊本）	故　宮 （嶺南重刊本）	東　吳 （嶺南重刊本）	孫逸仙圖書館 （嶺南重刊本）
孫子算經								
五曹算經								
釣磯立談								
洛陽搢紳舊聞記							缺此書	
四朝聞見錄		缺此書				缺甲集葉4，戊集葉30，附錄葉、2、13、26	缺此書	
金石史								
閑者軒帖考								

	第 五 集						
書 名	臺大 （初刻本）	臺大 （嶺南重刊本）	東海 （補刊本）	師大 （補刊本）	央圖臺灣分館 （補刊本）	故宮 （嶺南重刊本）	東吳 （嶺南重刊本）	孫逸仙圖書館 （嶺南重刊本）
清盧雜著三種								缺此書
補漢兵志								
臨漢隱居詩話							缺此書	
潯南詩話							缺此書	
歸潛志		缺此書						
黃孝子紀程		缺「河濱李楷叔則甫」撰之〈黃孝子記程序〉葉5	缺〈尋親紀程〉葉13					
虎口餘生記								
澹生堂藏書約						缺葉4、5		另有初刻本
苦瓜和尚畫語錄								另有初刻本

	第 六 集						
書 名	臺大 （初刻本）	臺大 （嶺南重刊本）	東海 （補刊本）	師大 （補刊本）	央圖臺灣分館 （補刊本）	故宮 （嶺南重刊本）	東吳 （嶺南重刊本）	孫逸仙圖書館 （嶺南重刊本）
玉壺清話								
愧郯錄			缺卷6葉2	缺卷1葉12、卷7葉14、卷9葉5				
碧雞漫志							缺此書	
樂府補題					缺葉145			
蛻巖詞								

	第 七 集						
書 名	臺大 （初刻本）	臺大 （嶺南重刊本）	東海 （補刊本）	師大 （補刊本）	央圖臺灣分館 （補刊本）	故宮 （嶺南重刊本）	東吳 （嶺南重刊本）	孫逸仙圖書館 （嶺南重刊本）
離騷草木疏		缺鮑廷博跋語		缺此書		缺鮑廷博跋語		
游宦紀聞		缺卷6葉5、6		缺此書				
論語集解義疏		缺此書	缺卷5葉22	缺此書				

第 八 集

書名	臺大（初刻本）	臺大（嶺南重刊本）	東海（補刊本）	師大（補刊本）	央圖臺灣分館（補刊本）	故宮（嶺南重刊本）	東吳（嶺南重刊本）	孫逸仙圖書館（嶺南重刊本）
張丘建算經				缺卷下葉36		缺「秘書省..」及「大清乾隆..仿汲古閣..重雕」等葉		
緝古算經								
默記								
南湖集								
蘋洲漁笛譜								

第 九 集

書名	臺大（初刻本）	臺大（嶺南重刊本）	東海（補刊本）	師大（補刊本）	央圖臺灣分館（補刊本）	故宮（嶺南重刊本）	東吳（嶺南重刊本）	孫逸仙圖書館（嶺南重刊本）
金樓子		缺卷3葉13、14，卷5葉23、24及〈書金樓子後〉				缺〈書金樓子後〉		
鐵圍山叢談							缺此書	
農書								
蠶書								
於潛令樓公進耕織二圖詩								
湛淵靜語								
貴備餘談		缺卷上葉5						

第 十 集

書名	臺大（初刻本）	臺大（嶺南重刊本）	東海（補刊本）	師大（補刊本）	央圖臺灣分館（補刊本）	故宮（嶺南重刊本）	東吳（嶺南重刊本）	孫逸仙圖書館（嶺南重刊本）
續孟子								
伸蒙子								
麟角集			缺〈王郎中傳〉	缺此書				
蘭亭考			缺高文虎及高似孫序					
蘭亭續考		缺〈序〉及卷1葉1、2				缺「序」		
石刻鋪敍								

書　名	臺　大 （初刻本）	臺　大 （嶺南重刊本）	東　海 （補刊本）	師　大 （補刊本）	央圖臺灣分館 （補刊本）	故　宮 （嶺南重刊本）	東　吳 （嶺南重刊本）	孫逸仙圖書館 （嶺南重刊本）
江西詩社宗派圖錄		缺宋蘩序					缺此書	爲初刻本
江西詩派小序							缺此書	爲初刻本
萬柳溪邊舊話		缺葉22					缺此書	爲初刻本

第　十　一　集

書　名	臺　大 （初刻本）	臺　大 （嶺南重刊本）	東　海 （補刊本）	師　大 （補刊本）	央圖臺灣分館 （補刊本）	故　宮 （嶺南重刊本）	東　吳 （嶺南重刊本）	孫逸仙圖書館 （嶺南重刊本）
詩傳注疏		缺趙懷玉〈知不足齋叢書序〉					缺此書	缺趙懷玉〈知不足齋叢書序〉
顏氏家訓								
江南餘載						缺卷下葉3	缺此書	爲初刻本
五國故事							缺此書	爲初刻本
故宮遺錄							缺此書	爲初刻本
伯牙琴						缺葉12、22		
洞霄詩集								
石湖詞							缺此書	缺此書
和石湖詞								缺此書
花外集								缺此書

第　十　二　集

書　名	臺　大 （初刻本）	臺　大 （嶺南重刊本）	東　海 （補刊本）	師　大 （補刊本）	央圖臺灣分館 （補刊本）	故　宮 （嶺南重刊本）	東　吳 （嶺南重刊本）	孫逸仙圖書館 （嶺南重刊本）
詩義指南		缺趙學敏〈知不足齋叢書序〉		缺趙學敏〈知不足齋叢書序〉				缺趙學敏〈知不足齋叢書序〉
離騷集傳								
江淮異人錄								
慶元黨禁		缺此書						缺此書
北山酒經		缺此書						爲初刻本

書　名	臺大（初刻本）	臺大（嶺南重刊本）	東海（補刊本）	師大（補刊本）	央圖臺灣分館（補刊本）	故宮（嶺南重刊本）	東吳（嶺南重刊本）	孫逸仙圖書館（嶺南重刊本）
山居新話							缺此書	
鬼董								為初刻本
墨史		缺此書					缺此書	
畫訣		按此書					缺此書	
畫荃		缺此書					缺此書	為初刻本
今水經						缺葉9		
佐治藥言				缺〈續佐治藥言目錄〉		缺〈續佐治藥言目錄〉		

第　十　三　集								
書　名	臺大（初刻本）	臺大（嶺南重刊本）	東海（補刊本）	師大（補刊本）	央圖臺灣分館（補刊本）	故宮（嶺南重刊本）	東吳（嶺南重刊本）	孫逸仙圖書館（嶺南重刊本）
相臺書塾刊正九經三傳沿革例							缺此書	
元眞子							缺此書	
翰苑群書								
朝野類要								
碧血錄								
逍遙集								
百正集								
張子野詞						缺蘇軾、鮑廷博跋	缺此書	缺蘇軾、鮑廷博跋
貞居詞		缺〈貞居詞補遺〉				缺〈貞居詞補遺〉	缺此書	缺〈貞居詞補遺〉

第　十　四　集								
書　名	臺大（初刻本）	臺大（嶺南重刊本）	東海（補刊本）	師大（補刊本）	央圖臺灣分館（補刊本）	故宮（嶺南重刊本）	東吳（嶺南重刊本）	孫逸仙圖書館（嶺南重刊本）
籀紀		缺葉13、〈陳書本傳〉				缺〈陳書本傳〉	缺此書	缺〈陳書本傳〉
潛虛		缺葉5					缺此書	
袁氏世範								
天水冰山錄		缺葉 78、79、181、263				缺葉145		

書　名	臺　大 （初刻本）	臺　大 （嶺南重刊本）	東　海 （補刊本）	師　大 （補刊本）	央圖臺灣分館 （補刊本）	故　宮 （嶺南重刊本）	東　吳 （嶺南重刊本）	孫逸仙圖書館 （嶺南重刊本）
第　十　五　集								
新唐書糾謬		缺卷 14 葉 5		缺〈新唐書糾謬後序〉、〈新唐書糾謬跋〉	缺〈新唐書糾謬跋〉	缺卷 14 葉 2、卷 15 葉 2、4；缺〈顧澗賓手札〉葉 3、4		
洞霄圖志		缺卷 5 葉 50、〈洞霄圖志題名〉				缺〈洞霄圖志序〉、〈洞霄圖志題名〉		缺〈洞霄圖志題名〉
聱隅子								
世緯		缺卷上葉 14						

書　名	臺　大 （初刻本）	臺　大 （嶺南重刊本）	東　海 （補刊本）	師　大 （補刊本）	央圖臺灣分館 （補刊本）	故　宮 （嶺南重刊本）	東　吳 （嶺南重刊本）	孫逸仙圖書館 （嶺南重刊本）
第　十　六　集								
皇宋書錄								
宣和奉使高麗圖經		缺〈序〉葉 1、2；卷 3 葉 6；卷 8 葉 5		缺卷 6 葉 4		缺卷 13 葉 1；卷 27 葉 5 之後		
武林舊事			缺卷 2 葉 15；卷 5 葉 28	缺卷 7 葉 15、16			缺此書	
錢塘先賢傳贊		缺葉 1					缺此書	

書　名	臺　大 （初刻本）	臺　大 （嶺南重刊本）	東　海 （補刊本）	師　大 （補刊本）	央圖臺灣分館 （補刊本）	故　宮 （嶺南重刊本）	東　吳 （嶺南重刊本）	孫逸仙圖書館 （嶺南重刊本）
第　十　七　集								
五代史纂誤								缺目錄
嶺外代答	缺此書			缺葉 5-8				
南窗紀談	缺此書							
蘇沈內翰良方	缺此書			缺此書			缺此書	
浦陽人物記				缺〈浦陽歸人物記序〉、〈重刻浦陽人物記後序〉			缺此書	

書 名	臺大（初刻本）	臺大（嶺南重刊本）	東海（補刊本）	師大（補刊本）	央圖臺灣分館（補刊本）	故宮（嶺南重刊本）	東吳（嶺南重刊本）	孫逸仙圖書館（嶺南重刊本）
			第　十　八　集					
宜州家乘								
吳船錄								
清波雜志		缺〈欽定四庫全書提要〉；卷2葉5；卷4葉14；卷5葉1		缺〈自序〉：卷5葉1		缺卷4葉13之後	缺此書	
清波別志		缺卷下葉1：〈清波二志總跋〉				缺〈清波二志總跋〉	缺此書	
蜀難敍略		缺葉38；〈諸先生跋〉葉14				缺葉7		
灊山集		缺〈欽定四庫全書提要〉卷2葉27		缺卷1葉7		缺卷1葉6		缺〈欽定四庫全書提要〉
頤庵居士集		缺〈頤菴居士集〉葉1；卷上葉5					缺此書	

書 名	臺大（初刻本）	臺大（嶺南重刊本）	東海（補刊本）	師大（補刊本）	央圖臺灣分館（補刊本）	故宮（嶺南重刊本）	東吳（嶺南重刊本）	孫逸仙圖書館（嶺南重刊本）
			第　十　九　集					
文苑英華辨證	缺此書	缺卷3葉1						
詩紀匡謬	缺此書	缺正文葉1		缺葉4				
西塘集耆舊續聞	缺此書	缺卷4葉3；卷5葉3					缺卷1-6	
山房隨筆	缺此書					缺葉7、8		
勿庵曆算書目	缺此書				缺此書			
黃山領要錄	缺此書						缺此書	
世善堂藏書目錄	缺此書			缺卷上葉55；〈題辭〉及鮑題廷博跋		缺卷上葉43、54		

書 名	臺大（初刻本）	臺大（嶺南重刊本）	東海（補刊本）	師大（補刊本）	央圖臺灣分館（補刊本）	故宮（嶺南重刊本）	東吳（嶺南重刊本）	孫逸仙圖書館（嶺南重刊本）
			第　二　十　集					
測圓海鏡細草	缺此書	按卷6葉2						
蘆浦筆記	缺此書					缺卷10葉4	缺此書	
五代史記纂誤	缺此書	缺卷2葉11、12						
山靜居畫論	缺此書						缺此書	缺此書
茗香詩論	缺此書						缺此書	缺此書

第 二 十 一 集								
書 名	臺大（初刻本）	臺大（嶺南重刊本）	東海（補刊本）	師大（補刊本）	央圖臺灣分館（補刊本）	故宮（嶺南重刊本）	東吳（嶺南重刊本）	孫逸仙圖書館（嶺南重刊本）
孝經鄭註	缺此書							
孝經鄭氏解輯	缺此書						缺此書	
益古演段	缺此書	缺卷上葉1：卷下葉5、9、19、33、45				缺卷下葉14、24、33、43		
弧矢算術細草	缺此書							
五總志	缺此書						缺此書	
黃氏日抄古今紀要逸編	缺此書						缺此書	
丙寅北行日譜	缺此書						缺此書	
粵行紀事	缺此書	缺卷2葉1		缺此書			缺此書	
滇黔土司婚禮記	缺此書			缺此書			缺此書	
三山鄭菊山先生清集	缺此書						缺此書	
所南翁一百二十圖詩集	缺此書			缺〈趙宋太學鄭上舍墨蘭有序王逢〉；〈題周草窗畫像〉；卷1補遺			缺此書	
鄭所南先生文集	缺此書						缺此書	

第 二 十 二 集								
書 名	臺大（初刻本）	臺大（嶺南重刊本）	東海（補刊本）	師大（補刊本）	央圖臺灣分館（補刊本）	故宮（嶺南重刊本）	東吳（嶺南重刊本）	孫逸仙圖書館（嶺南重刊本）
重彫足本鑑誡錄	缺此書						缺此書	
侯鯖錄	缺此書							
松窗百說	缺此書					缺葉13	缺此書	缺此書
北軒筆記	缺此書						缺此書	缺此書
藏海詩話	缺此書						缺此書	缺此書

書 名	臺 大 (初刻本)	臺 大 (嶺南重刊本)	東 海 (補刊本)	師 大 (補刊本)	央圖臺灣分館 (補刊本)	故 宮 (嶺南重刊本)	東 吳 (嶺南重刊本)	孫逸仙圖書館 (嶺南重刊本)
吳禮部 詩話	缺此書	缺葉22				缺葉32	缺此書	缺此書
畫墁集	缺此書	缺卷1葉7：卷 3葉5：卷5葉 4：卷6葉3： 卷7葉1：卷8 葉5、6						

第 二 十 三 集								
書 名	臺 大 (初刻本)	臺 大 (嶺南重刊本)	東 海 (補刊本)	師 大 (補刊本)	央圖臺灣分館 (補刊本)	故 宮 (嶺南重刊本)	東 吳 (嶺南重刊本)	孫逸仙圖書館 (嶺南重刊本)
讀易別 錄								
古今偽 書考	缺此書	缺葉1						
灘水燕 談錄	缺此書	缺卷3葉2					缺此書	
石湖紀 行三錄	缺此書	《攬轡錄》一除 書名頁葉外均 爲手抄補《桂海 虞衡志》-缺葉 24		《驂鸞錄》 一缺〈石湖 紀行三錄 跋〉		《桂海虞衡 志》一缺葉24	缺此書	
北行日 錄	缺此書		缺卷下葉 7	缺此書			缺此書	
放翁家 訓	缺此書			缺此書			缺此書	
庶齋老 學叢談	缺此書	缺卷中之上葉 11； 卷中之下葉6					缺此書	
湛淵遺 稿	缺此書							
趙待制 遺稿	缺此書							
濼京雜 詠	缺此書					缺卷上葉13： 補卷上葉1		
陽春集	缺此書						缺此書	
草窗詞	缺此書						缺此書	

第 二 十 四 集								
書 名	臺 大 (初刻本)	臺 大 (嶺南重刊本)	東 海 (補刊本)	師 大 (補刊本)	央圖臺灣分館 (補刊本)	故 宮 (嶺南重刊本)	東 吳 (嶺南重刊本)	孫逸仙圖書館 (嶺南重刊本)
吹劍錄 外集	缺此書	缺葉12、13、37		缺此書			缺此書	
宋遺民 錄	缺此書	接卷15葉16						
天地間 集	缺此書							
宋舊宮 人詩詞	缺此書			缺此書			缺此書	

書　名	臺　大 （初刻本）	臺　大 （嶺南重刊本）	東　海 （補刊本）	師　大 （補刊本）	央圖臺灣分館 （補刊本）	故　宮 （嶺南重刊本）	東　吳 （嶺南重刊本）	孫逸仙圖書館 （嶺南重刊本）
竹譜詳錄	缺此書	缺卷二葉 5、7－i3；卷 3 葉 3－5、20、26 之後；卷 4 葉 25 之後；卷 5 葉 19 之後；卷 6 葉 12、21					缺此書	
書學捷要	缺此書	缺卷上葉 15；卷下葉 9					缺此書	

第　二　十　五　集								
書　名	臺　大 （初刻本）	臺　大 （嶺南重刊本）	東　海 （補刊本）	師　大 （補刊本）	央圖臺灣分館 （補刊本）	故　宮 （嶺南重刊本）	東　吳 （嶺南重刊本）	孫逸仙圖書館 （嶺南重刊本）
履齋示兒編	缺此書	缺卷 3 葉 33		缺貝墉撰〈序文〉葉 2；卷 10 葉 14；卷 11 葉 14；卷 18 葉 3		缺卷 22 葉 19 之後	缺此書	
霽山先生集	缺此書							

第　二　十　六　集								
書　名	臺　大 （初刻本）	臺　大 （嶺南重刊本）	東　海 （補刊本）	師　大 （補刊本）	央圖臺灣分館 （補刊本）	故　宮 （嶺南重刊本）	東　吳 （嶺南重刊本）	孫逸仙圖書館 （嶺南重刊本）
五行大義	缺此書	缺卷 3 葉 4；卷 4 葉 8		缺卷 3 葉 19、20			缺此書	
負暄野錄	缺此書						缺此書	
古刻叢鈔	缺此書							
梅花喜神譜	缺此書	缺卷上葉 8、17、19、20		缺此書			缺此書	
斜川集	缺此書			缺〈跋〉及〈斜川集訂誤〉		缺卷 1 葉 6		

第　二　十　七　集								
書　名	臺　大 （初刻本）	臺　大 （嶺南重刊本）	東　海 （補刊本）	師　大 （補刊本）	央圖臺灣分館 （補刊本）	故　宮 （嶺南重刊本）	東　吳 （嶺南重刊本）	孫逸仙圖書館 （嶺南重刊本）
道命錄	缺此書	缺此書						
曲洧舊聞	缺此書						缺此書	

書名	臺大 (初刻本)	臺大 (嶺南重刊本)	東海 (補刊本)	師大 (補刊本)	央圖臺灣分館 (補刊本)	故宮 (嶺南重刊本)	東吳 (嶺南重刊本)	孫逸仙圖書館 (嶺南重刊本)
字通	缺此書						缺此書	
透簾細草	缺此書							
續古摘奇算法	缺此書					缺此書		
丁巨算法	缺此書		缺此書	缺葉 23-27				
緝古算經細草	缺此書		缺此書			缺卷上葉 13； 卷中葉 8、18		

第 二 十 八 集								
書名	臺大 (初刻本)	臺大 (嶺南重刊本)	東海 (補刊本)	師大 (補刊本)	央圖臺灣分館 (補刊本)	故宮 (嶺南重刊本)	東吳 (嶺南重刊本)	孫逸仙圖書館 (嶺南重刊本)
雲林石譜	缺此書			缺此書			缺此書	
夢粱錄	缺此書			缺此書			缺此書	
靜春堂詩集	缺此書			缺此書		缺卷 4 葉 6； 「附 1」		有二套

第 二 十 九 集								
書名	臺大 (初刻本)	臺大 (嶺南重刊本)	東海 (補刊本)	師大 (補刊本)	央圖臺灣分館 (補刊本)	故宮 (嶺南重刊本)	東吳 (嶺南重刊本)	孫逸仙圖書館 (嶺南重刊本)
梧溪集	缺此書	缺卷 7 葉 23、24	缺卷 4 下葉18			缺卷 4 下葉46		
困學齋雜錄	缺此書							

第 三 十 集								
書名	臺大 (初刻本)	臺大 (嶺南重刊本)	東海 (補刊本)	師大 (補刊本)	央圖臺灣分館 (補刊本)	故宮 (嶺南重刊本)	東吳 (嶺南重刊本)	孫逸仙圖書館 (嶺南重刊本)
克庵先生尊德性齋小集	缺此書			缺此書				
麈史	缺此書	缺卷下葉 10		缺此書	缺卷下葉 1		缺此書	
全唐詩逸	缺此書	缺卷上葉 2		缺此書			缺此書	
中吳紀聞	缺此書	缺卷六葉 11、13-15		缺此書			缺此書	
廣釋名	缺此書			缺此書			缺此書	
餘姚兩孝子尋親記	缺此書			缺此書			缺此書	
畫梅題記	缺此書	缺葉 8、9		缺此書	缺金德輿題語		缺此書	缺金德輿題識語

第二節　中國大陸地區

大陸地區部份，根據上海圖書館所編之《中國叢書綜錄》中「全國主要圖書館收藏情況表」所記，收藏有清刊本《知不足齋叢書》者有以下幾處：〔註2〕

北京圖書館	首都圖書館
中國科學院圖書館	北京師範大學圖書館
中醫研究院圖書館	上海圖書館
復旦大學圖書館	上海辭書出版社圖書館
天津市人民圖書館	內蒙古圖書館
遼寧省圖書館	吉林市圖書館
陝西省圖書館	甘肅省圖書館
山東省圖書館	山東大學圖書館
南京圖書館	蘇州市圖書館
安徽省圖書館	浙江省圖書館
杭州大學圖書館	福建省圖書館
福建師範學院圖書館（不全）	河南省圖書館
湖北省圖書館	武漢市圖書館
武漢大學圖書館	江西省圖書館
廣東省中山圖書館	四川省圖書館
重慶市圖書館	四川大學圖書館
黑龍江省圖書館（不全）	貴州省圖書館
廣西省圖書館	青海省圖書館
寧夏自治區圖書館	中央民族學院圖書館

第三節　日本地區

從日本所出版的一系列漢籍圖書目錄來看，日本地區藏有相當多套的《知不足齋叢書》，其詳細狀況如何，因受時間及經費之限制，無法親就其版本及存缺狀況，加以探究，以下，僅錄其目錄所載以供參考：

〔註2〕 上海圖書館編，〈全國主要圖書館收藏情況表〉，《中國圖書綜錄》（上海：上海古籍出版社，1986），頁1134。

靜嘉堂文庫（二部）：〔註3〕

　　清鮑廷博編，清刊 240 冊

天理圖書館（一部）：〔註4〕

　　清乾隆、道光間長塘鮑氏刊本

名古屋市蓬左文庫（一部）：〔註5〕

　　清鮑廷博編乾，隆嘉、慶間長塘鮑氏刊本　28 集 752 卷 224 冊

岡山大學池田文庫（零本）：〔註6〕

　　清乾隆刊

　　《入蜀記》六卷

　　《寓簡》十卷

　　《鐵圍山叢談》六卷

熊本大學附屬圖書館落合文庫（零本）：〔註7〕

　　《赤雅》三卷（乾隆三十四年長塘鮑氏刊本）

　　《入蜀記》六卷（乾隆、道光間長塘鮑氏刊本）

　　《澹生堂藏書約》一卷（乾隆、道光間長塘鮑氏刊本）

　　《農書》三卷（乾隆、道光間長塘鮑氏據小山堂鈔本刊）

　　《蠶書》一卷（乾隆、道光間長塘鮑氏刊本）

　　《於潛令樓公進耕織二圖詩》一卷，〈附錄〉一卷（乾隆、道光間長塘鮑
　　氏據萬作霖鈔本刊）

　　《苦瓜和尚畫語錄》（乾隆、道光間長塘鮑氏刊本）

　　《獨醒雜志》（乾隆、道光間長塘鮑氏刊本）

國立國會圖書館（一部）：〔註8〕

〔註3〕靜嘉堂文庫編《靜嘉堂文庫漢籍分類目錄》，（臺北：進學書局，民國58），頁
　　　1028。

〔註4〕東洋學文獻センタ──連絡協議會編輯《漢籍叢書所在目錄》，（東京：東洋
　　　文庫，昭和41年），頁5。

〔註5〕名古屋市蓬左文庫編輯，《名古屋市蓬左文庫漢籍分類目錄》（名古屋：名古
　　　屋市教育委員會發行，昭和50年）。

〔註6〕岡山大學附屬圖書館編輯，《岡山大學所藏池田家文庫總目錄》（編者，昭和
　　　45年），頁14，21，22。

〔註7〕東京大學東洋文化研究所附屬東洋學文獻編輯，《熊本大學附屬圖書館落合文
　　　庫漢籍分類目錄》（東京：編者，昭和55年），頁189、190、192、193、194、
　　　202。

〔註8〕國立國會圖書館編輯，《國立國會圖書館漢籍目錄》，（東京：編者，昭和 62

乾隆道光刊，223 冊

（另有零本：《慶元黨禁》一卷、《酒經》三卷）

東京文理科大學附屬圖書館（一部）：〔註9〕

清鮑廷博編，清刊 238 冊（缺第 6、161 冊）

內閣文庫（一部）：〔註10〕

鮑廷博編，清刊 240 冊

宮內廳書陵部（一部）：〔註11〕

清鮑廷博，清版 112 冊

京都大學人文科學研究所（一部）：〔註12〕

乾隆、道光間長塘鮑氏據明鈔本等刊

大阪府立圖書館（一部）：〔註13〕

清乾隆、道光間長塘鮑氏刊本，224 冊

東洋文庫（二部）：〔註14〕

清刊 240 冊

東京大學東洋文化研究所（一部）：〔註15〕

乾隆、道光間長塘鮑氏刊本

第四節　影印本

影印本方面，主要以民國十年上海古書流通處據鮑氏家藏本所影印者為主。隨後，藝文印書館抽印此影印本於《百部叢書集成》中。後又有興中書

年），頁 818。

〔註 9〕東京文理科大學編，《東京文理科大學附屬圖書館和漢分類目錄》，（東京：編者，昭和 9 年）。

〔註10〕內閣文庫，《內閣文庫漢籍分類目錄》（臺北：進學書局影印，民國 59 年），頁 573。

〔註11〕宮內廳書陵部，《和漢分類目錄》（編者，昭和 27），頁 105。

〔註12〕京都大學人文科學研究所編，《京都大學人文科學研究所漢籍目錄》（京都：人文科學研究學會發行，昭和 56 年），頁 849、853。

〔註13〕大阪府立圖書館編，《大阪府立圖書館漢籍目錄》，叢書之部（大阪：編者，昭和 39 年），頁 90。

〔註14〕東洋文庫，《增補東洋文庫漢籍叢書目錄》（東京：昭和 40 年），頁 560，565。

〔註15〕東京大學東洋文化研究所，《東京大學東洋文化研究所漢籍分類目錄》（東京：編者，昭和 48 年），頁 872。

局將上海古書流通處影印本縮印為十二冊出版，為現今影印本中之通行者。
此外，新文豐書局的《叢書集》成系列也曾影印，但只限於少部份，並不完
全。

第七章 結　論

第一節　結　語

　　《知不足齋叢書》係鮑廷博累積其與友朋多年尋訪、校讀書籍所得，經由精心的校刊而呈現出的成果。由於具有精校精刊、廣收善本、完備不遺的優點，行世之後便廣受佳評，成為藏書家藏書校書所必參看的書籍，並且造成一股刊刻罕本善本為叢書的風潮。此書就整體而言，歷來藏書家及文史學者，均對其有極高的評價，認為其可闡發隱微，搜羅廢墜。〔註1〕而其刊〈徵刻唐宋祕本書目〉中之九種祕書，〔註2〕並收有豐富的史考、風俗、雜記等著作，更使之成為治史者（尤其於宋金史）搜集資料所不可或缺之資料來源。對於其所收之書、所用之底本以及刊刻叢書的態度等各方面，學者們也多給予正面的評價。

　　然而，此叢書也有一些招致議論之處。例如，在叢書的版面上，法式善嫌其版式縮狹；〔註3〕在內容的完整性上，有多位藏書家於與他本校比之後仍發現有不全之處，如《赤雅》缺卷首總論標題一行〔註4〕、《頤菴居士集》卷下〈西郊〉三首缺了一首、〔註5〕《蘆浦筆記》中仍有脫文〔註6〕等；於校讎

〔註1〕鄭辰，〈古文孝經序〉，《知不足齋叢書》，第一集。

〔註2〕潘景鄭，〈著硯樓書跋〉，《書目類編》，第 77 冊（臺北：成文），頁 123〜124。

〔註3〕法式善，《陶廬雜錄》，卷四，《近代中國史料叢刊》，第 35 輯（臺北：文海，民國 55 年），頁 312。

〔註4〕黃丕烈，《蕘圃藏書題識續錄》，卷一：赤雅三卷，《書目叢編》（臺北：廣文，民國 77 年）。

〔註5〕張金吾，《愛日精廬藏書志》，卷三十一（臺北：文史哲，民國 71 年），頁 1069〜1070。

的精確度上，亦有藏書家發現其如《涉史隨筆》一書未能將本有錯誤更正者；〔註7〕另於所選的版本上，亦有異議，認爲其所用非爲最善；然較受詬病的部份則在於其有部份未照原書而予以更動，如將《猗覺寮雜記》一書下卷六十八條移入上卷〔註8〕、改《對床夜話》書名爲《對床夜語》〔註9〕、將《梅花喜神譜》之畫題刊於畫幅之中，〔註10〕使其喪失原書之風貌，或於著者原意有所損。

儘管《知不足齋叢書》有如上之缺陷，然以個人刻書的觀點來看，鮑氏三代能憑一家之力，完成如此精、善之鉅作，而使當世所希見及待傳之著作廣傳天下，共饗於士林，其於學術及保存典籍之貢獻，當是值得肯定的。

第二節　進一步研究的建議

一、就《知不足齋叢書》本身

根據臺灣目前所能得見的各套《知不足齋叢書》比較發現，此書行世後於嘉慶、道光年間曾陸續補刊，並於同治、光緒間由得其書板之嶺南芸林仙館重爲刊行。然以書目考查流傳的結果看來，大陸地區和日本地區所藏清刊《知不足齋叢書》合計共有五十一部，較臺灣現可考之九部有數倍之多，實應就其版本作一比較研究，一方面能將書目所載予以查證，另則能於其版本研究取得更多資料，避免因所見有限而使歸類結果有偏頗之憾。然由於時間以及經費上的限制，中國大陸及日本所藏之各部並未能列入考察的範圍。有志於《知不足齋叢書》版本研究者，建議可就日本所藏各部著手研究。

另於叢書不同版本間的差異，本文已就各書前後序跋文及校補部份加以比對，得其互有增損之部份，而內文部份則付之闕如，此部份亦可爲進一步研究的主題。

〔註6〕中央圖書館特藏組編，《標點善本題跋集錄》，《蘆浦筆記》十卷二冊・鄧邦彥過錄黃丕烈跋（臺北：中央圖書館，民國81年），頁322。
〔註7〕同註2，頁160。
〔註8〕李春光，〈鮑廷博和《知不足齋叢書》〉，《文獻》1986年第4期（1986年12月），頁273。
〔註9〕中央圖書館特藏組編，《標點善本題跋集錄》：《對床夜話》五卷二冊，黃丕烈跋（臺北：中央圖書館，民國81年），頁726。
〔註10〕吳哲夫，〈一部宋代版畫代表作——梅花喜神譜〉，《故宮文物月刊》，6卷4期（1988年），頁39。

二、受《知不足齊叢書》影響的各叢書

　　《知不足齋叢書》影響當世，使清朝中葉興起一股輯刻珍善本的風潮，這些叢書由於輯有珍善本，於古籍的保存有相當的重要性，值得作進一步的研究，並作彙整性的討論，以助於對清代刊書之最大特色 —— 叢書的進一步瞭解及認識。

參考書目

一、中文部份

專　書

（1）傳記資料

1. 李桓輯，《國朝耆獻類徵初編》，《清代傳記叢刊》，第 184 冊（臺北：明文，民國 74 年）。

2. 宗源瀚等修，《浙江省湖州府志》，《中國地方志叢書》，第 54 號（臺北：成文，民國 59 年）。

3. 徐世昌，《清儒學案小傳》，《清代傳記叢刊》，第 6 冊（臺北：明文，民國 74 年）。

4. 國史館原編，《清史列傳》，《清代傳記叢刊》，第 104 冊（臺北：明文，民國 74 年）。

5. 許承堯纂，《安徽省歙縣志》，《中國方志叢書》，第 64 號（臺北：成文，民國 66 年）。

6. 許瑤光等修，《浙江省嘉興府志》，《中國地方志叢書》，第 53 號（臺北：成文，民國 59 年）。

7. 楊立誠、金步瀛，《中書國藏書家考略》（臺北：文海，民國 60 年）。

8. 葉昌熾，《藏書記事詩》，《靈鶼閣叢書》，《百部叢書集成》（臺北：藝文印書館，民國 55 年）。

9. 嚴辰等修，《浙江省桐鄉縣志》，《中國方志叢書》，第 77 號（臺北：成文，民國 59 年）。

（2）藏書志、藏書題跋記

1. 丁丙，《善本書室藏書記》，《書目叢編》（臺北：廣文，民國 77）。

2. 丁申，《武林藏書錄》，丁丙輯，《武林掌故叢篇》（臺北：台聯，民國 56 年）。

3. 王文進，《文祿堂訪書記》，《書目叢編》（臺北：廣文，民國 79 年）。

4. 國立中央圖書館特藏組，《標點善本題跋集錄》（臺北：中央圖書館，民國 81 年）。

5. 張之洞，《書目答問》，民國 10 年上海朝記書莊石印本。

6. 張金吾，《愛日精廬藏書志》（臺北：文史哲，民國 71 年）。

7. 莫友芝，《邵亭知見傳本書目》，《書目五編》（臺北：廣文，民國 61 年）。

8. 莫伯驥，《五十萬卷樓藏書目錄初編》，《書目叢編》（臺北：廣文，民國 78 年）。

9. 陸心源，《皕宋樓藏書志》，《書目續編》（臺北：廣文，民國 57 年）。

10. 傅增湘，《藏園群書題記》，《書目叢編》（臺北：廣文，民國 77 年）。

11. 黃丕烈，《士禮居藏書題跋記》，《叢書集成新編》，第二冊（臺北：新文豐，民國 74 年）。

12. 黃丕烈，《百宋一廛書錄》，《叢書集成續編》，第五冊（臺北：新文豐，民國 78 年，據適園叢書本影印）。

13. 黃丕烈，《蕘圃藏書題識》，《書目叢編》（臺北：廣文，民國 77 年）。

14. 黃丕烈，《蕘圃藏書題識續錄》，《書目叢編》（臺北：廣文，民國 77 年）。

15. 葉啓勳，《拾經樓紬書錄》，《書目叢編》（臺北：廣文，民國 78）。

16. 葉德輝，《郋園讀書志》（臺北：明文，民國 79 年）。

17. 葉德輝，《書林清話》（臺北：文史哲，民國 77 年）。

18. 潘祖蔭，《滂喜齋藏書記》，《書目叢編》（臺北：廣文，民國 77 年）。

19. 潘景鄭，《著硯樓書跋》，《書目類編》，第 77 冊（臺北：廣文，民國 56 年）。

20. 鄧邦述，《寒瘦山房鬻存善本書目》，《書目叢編》（臺北：廣文，民國 56 年）。

21. 錢泰吉，《曝書雜記》，《書目叢編》（臺北：廣文，民國 78 年）。

22. 繆荃孫，《藝風藏書記》，《書目叢編》（臺北：廣文，民國 56 年）。

23. 顧廣圻，《思適齋集外書跋輯存》，《書目五編》（臺北：廣文，民國 61）。

（3）藏書目錄

1. 大阪府立圖書館，《大阪府立圖書館藏漢籍目錄》（大阪：編者，昭和 39 年）。

2. 內閣文庫，《內閣文庫漢籍分類目錄》（臺北：進學書局影印，民國 59 年）。

3. 北京圖書館編，《北京圖書館善本書目》（北京：該館，1975 年）。

4. 名古屋市蓬左文庫,《名古屋市蓬左文庫漢籍分類目錄》(名古屋:名古屋市教育委員會發行,昭和 50 年)。

5. 東京大學東洋文化研究所,《東京大學東洋文化研究所漢籍分類目錄》(東京:編者,昭和 48 年)。

6. 東京大學東洋文化研究所附屬東洋學文獻,《熊本大學附屬圖書館落合文庫漢籍分類目錄》(東京:編者,昭和 55 年)。

7. 東京文理科大學,《東京文理科大學附屬圖書館和漢分類目錄》(東京:編者,昭和 9 年)。

8. 東洋文庫,《增補東洋文庫漢籍叢書分類目錄》(東京:編者,昭和 40 年)。

9. 東洋學文獻センタ —— 連絡協議會,《漢籍叢書所在目錄》(東京:東洋文庫,昭和 41 年)。

10. 宮內廳書陵部,《和漢圖書分類目錄》(編者,昭和 27 年)。

11. 葛思德東方圖書館,《普林斯頓大學葛思德東方圖書館中文舊籍書目》(臺北:商務,民國 79 年)。

12. 靜嘉堂文庫,《靜嘉堂文庫漢籍分類目錄》(臺北:進學書局,民國 58 年台一版)。

(4) 詩文集

1. 汪輝祖,《病榻夢痕錄》,《龍莊遺書》。

2. 阮元,《揅經室全集》,《四部叢刊》(上海:商務,出版年不詳)。

3. 阮元,《定香亭筆談》,《文選樓叢書》(臺北:藝文印書館)。

4. 阮亨,《瀛舟筆談》(嘉慶刊本)。

5. 法式善,《梧門詩話》,《近代中國史料叢刊續編》,第 20 輯(臺北:文海,出版年不詳)。

6. 法式善,《陶廬雜錄》,《近代中國史料叢刊》,第 35 輯(臺北:文海,民國 55 年)。

7. 吳騫,《拜經樓詩集》,《拜經樓叢書》(臺北:藝文印書館)。

8. 趙懷玉,《亦有生齋集文》,

9. 盧文弨,《抱經堂文集》,《四部叢刊》(上海:商務,出版年不詳)。

10. 錢大昕,《潛研堂文集》,《四部叢刊》(上海:商務,出版年不詳)。

11. 錢泳,《履園叢話》(臺北:大立,民國 71 年)。

12. 顧廣圻,《思適齋集》,《邈園叢書》,

(5) 圖書、文獻學

1. 上海圖書館編,《中國叢書綜錄》(上海:上海古籍出版社,1982 年)。

2. 王欣夫,《文獻學講義》(上海:上海古籍出版社,1986)。

3. 王燕玉，《中國文獻學綜說》（貴州：貴州師範大學學報編輯部，1989 年）。

4. 四川師院古代文學研究所編，《中國古典文獻學》（四川：四川師院，1985 年）。

5. 吳楓，《中國古典文獻學》（山東：齊魯書社，1982）。

6. 李致忠，《中國古代書籍史》（北京：文物出版社，1985 年）。

7. 屈萬里、昌彼得著；潘美月增訂，《圖書版本學要略》（臺北：商務，民國 75 年）。

8. 施廷鏞，《中國古籍板本概要》（天津：古籍出版社，1987 年）。

9. 張秀民，《中國印刷史》（上海：人民出版社，1989 年）。

10. 張秀民，《張秀民印刷史論文集》（北京：印刷工業出版社，1988 年）。

11. 張舜徽，《中國文獻學》（臺北：木鐸，民國 72 年）。

12. 莊芳榮，《叢書總目續編》（臺北：范德書局，民國 63 年）。

13. 陳宏天，《古籍版本概要》（洛陽：遼寧教育出版社，1991 年）。

14. 陳彬龢、查猛濟，《中國書史》（臺北：文史哲，民國 66 年）。

15. 陳登原，《中國典籍史》（臺北：樂天，民國 60 年）。

16. 章唐容輯，《清宮述聞》，沈雲龍主編，《近代中國史料叢刊》，第 35 輯（臺北：文海，民國 55 年）。

17. 劉尚桓，《古籍叢書概說》（上海：上海古籍出版社，1989 年）。

18. 劉國鈞，《中國古代書籍史話》（北京：中華書局，1962 年）。

19. 潘美月，《圖書》（臺北：幼獅，民國 75 年）。

20. 鄭如斯、蕭東發，《中國書史》（北京：書目文獻出版社，1987 年）。

21. 鄭鶴聲、鄭鶴春編，《中國文獻學概要》（上海：上海書店，1983 年）。

22. 謝灼華編，《中國圖書和圖書館史》（武昌：武漢大學出版社，1987 年）。

23. 韓仲民，《中國書籍編纂史稿》（北京：書籍出版社，1988）。

24. 魏隱如，《中國古籍印刷史》（北京：印刷工業出版社，1984 年）。

25. 羅孟禎，《古典文獻學》（重慶：重慶出版社，1989 年）。

26. 羅錦堂，《歷代圖書版本志要》（臺北：國立編譯館，民國 73 年）。

27. 嚴文郁，《中國書籍簡史》（臺北：商務，民國 81 年）。

28. 嚴佐之，《古籍版本學概論》（上海：華東師範大學，1989 年）。

論 文

1. 李春光，〈鮑廷博和《知不足齋叢書》〉，《文獻》1986 年第 4 期（1986 年 12 月），頁 257～273。

2. 胡玉文，〈清代輯刻古籍的盛況〉，《黑龍江圖書館刊》1985 年第 1 期（1985

年 3 月），頁 47～51。

3. 潘美月，〈清代私家刊本特色〉，古籍鑑定與維護研習會專集編輯委員會編，《古籍鑑定與維護研習會專集》（臺北：中國圖書館學會，民國 74 年），頁 152～157。

4. 蔡文晉，〈知不足齋藏書與四庫全書關係之探討〉，手稿本。

5. 蔡文晉，〈鮑廷博年譜初稿〉，手稿本。

6. 蔡文晉，〈鮑廷博藏書印記考〉，《書目季刊》26 卷 2 期（民國 81 年 9 月），頁 46～52。

7. 謝國楨，〈叢書刊刻源流考〉，王秋桂、王國良合編，《中國圖書文獻學論集》（下）（臺北：明文，民國 72 年），頁 425～461。

二、西文部份

專　書

1. Harvard University. *Chinese and Japanese Catalogues of the Harvard-Yenching Library*. New York : Garland Publishing, 1986. vo1. 19.

期刊論文

1. Swann, Nancy Lee. *Seven Intimate Library Owners*. Harvard Journal of Asiatic Studies vo1. 1 (1936), 363～390.

附　錄

名醫類案卷第六

新都篡南江瓘集——後學

仁和余　集蓉棻
錢塘魏之琇玉橫　重校
仁和沈　煥曾　
歙　鮑廷博以文

首風

附頭暈頭痛

齊川王病召臣意診脉曰蹶上為重頭痛身熱使人煩懑臣
意即以寒水拊其頭刺足陽明脉左右各三所病旋已病
得之沐髮未乾而臥診如前所以蹶頭熱至肩史記。又
魏王操若頭風作輒心亂目眩華佗針鬲痰鬲上隨手而愈志魏
有人每頭眩則頭不得舉目不能視積年華佗悉解其衣且

—89—

書影二之一

鮑氏單刻本──有「知不足齋校刻」之記

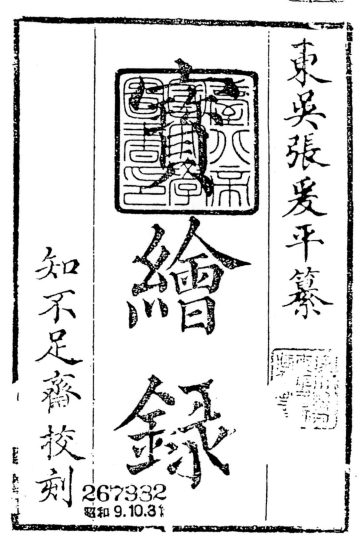

書影二之二

鮑氏單刻本——下象鼻記「知不足齋正本」

寶繪錄序

從來博古家如藥鼎珍異諸物皆

而得也惟法書名畫疑似相若昭代名碑源流難究

雖具眼者不免魚目之混蓋難言之矣余為帝時酷

嗜此道稍能別識一二以後承乏上黨茲地在漢唐

時逼近畿輔長碑短碣在在有之而關中稱淵藪

計所蒐集無慮數千卷大抵差不及地而遂過

歐陽永叔心長苦矣使李易安更生當亦驕繪相

一意欲編次成帙號金石錄擬先分儒釋道三宗而

寶繪錄序

一堵然提搬正本

書影三之一

民國十年上海古書流通處據許博明家藏鮑氏家刻本影印

書影三之二

題唐闕史四周刻有龍圖

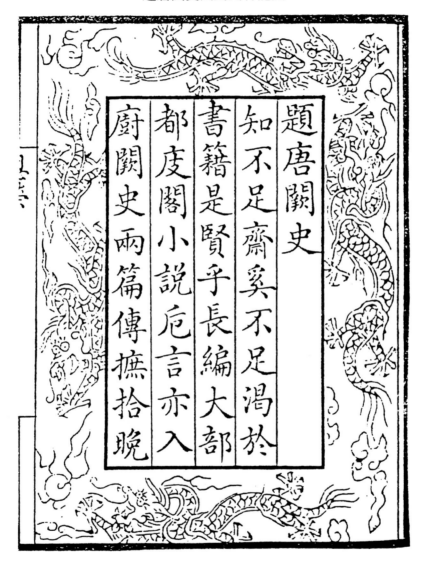

題唐闕史

知不足齋奚不足渴於

書籍是賢乎長編大部

都度閣小說卮言亦入

廚闕史兩篇傳摭拾晚

書影三之三

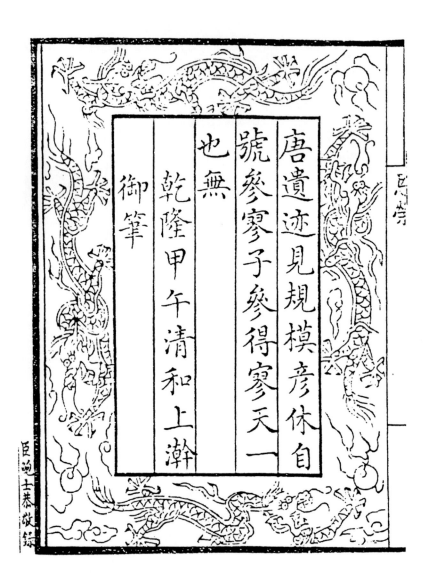

書影三之四

上海古書流通處影印本之牌記

辛酉七月上海古書流通處影印

書影四之一

鮑氏初刻本

書影四之二

題唐關史

知不足齋奚不足渴於書籍是賢乎長編大部

都庋閣小說厄言亦入廚關史兩編傳摭拾晚

唐遺蹟見規模彥休自號參參子參得參天一

也無

乾隆甲午清和上澣御筆　▨　▨

書影五之一

嘉慶至道光年間補刊本，此部份爲朱印

題唐關史

知不足齋奚不足渴於

書籍是賢乎長編大部

都庋閣小說厄言亦入

厨關史兩編傳撫拾晚

印史寺

書影五之二

御製詩

虞遺蹟見規模彥休自
號參寥子參得寥天一
也無
乾隆甲午清和上澣御筆

書影六之一

光緒年間嶺南芸林仙館重刊本

題唐闕史

知不足齋奚不足渴於

書籍是賢乎長編大部

都度閣小說厄言亦入

廝關史兩篇傳攎拾晚

書影六之二

唐遺迹見規模彥休自
號參寥子參得寥天一
也無

乾隆甲午清和上澣御筆

書影七

補刊本 —— 部份字跡模糊

書影八之一

補刊之記——甲寅校正重刊

酒觀此則是就竹林中爲之今無此酒法矣

庚午二十里早頓安德鎮四十里至永康軍一路江水

分流入諸渠皆雷轟雲卷美田彌望所謂岷山之下沃

埜者正在此崇德廟在軍城西門外山上秦太守李冰

父子廟食處也

辛未登城西門樓其下岷江江自山中出至此始盛壯

對江卽岷山岷山之最近者曰青城山其九大者曰大

面山大面山之後皆西戎山矣西門名玉壘關自門少

轉登浮雲亭李薿清叔守郡時所作取杜子美詩玉壘

書影八之二

補刊之記 —— 嘉慶庚午重刊

繼雄至復爲文進拒而殺之延政終歸於江南封自在
王尋改光山王終鄱陽爲延彬圭之子忠懿之猶子也
圭死襲其父封於泉州頗與延鈞鴛兄弟之分性多藝
而奢縱日服一巾櫛目易一汗衫旣醉必以龍腦數器
覆之無病則亭午方起能爲詩亦好說佛理詩人禪客
謁見多爲所沮宅中蓄妓皆北人將求妓必圖已形而
書其歌詩於圖側目才如此貌如此以是襲其見慕初
圭領兵至泉州舍於開元寺始生延彬於寺之缺堂旣
生而有白雀一樓於堂中迄延彬之終方失其所在凡

書影八之三

補刊之記 —— 壬申重刊

曰龍更名龍文改為夔見（前注）謹初為封州刺史而其母

段氏生龍有日者視之謂曰公之諸子唯少者貴耳

又嚴性嚴酷果於殺戮毎視事則垂簾於便殿使有司

引罪人於殿下設其非法之具而屠膾之故有湯鑊鐵

牀之獄又有投湯鑊之後更加曰曝決以鹽醋肌體腐

爛尚能行立久之乃死其餘則鎚鋸互作血肉炎飛腥

穢之氣冤痛之聲充沸庭廡而嚴之唇吻必垂涎及頤

頷若噬膏血之氣者久之方復常態有司侯其復常乃

引罪人而退蓋妖蜃毒龍之類非可待以人倫也嚴暴

玉匣故事

壬申重刊

書影八之四

補刊之記 —— 壬申修補

宅之舊址杜子美詩云若耶谿雲門寺青鞋布襪從
此始則為唐之勝地境一作可知矣予因言史記載泰
始皇三十七年出遊過丹陽至錢塘臨浙江水波惡
乃西百二十里從狹中渡上會稽祭大禹望於南海
而立石刻頌秦德所謂狹中者即今富陽縣絕江而
東取紫霄宮路是也江流至此極狹去步繞一二百
步水波委蛇始皇正從此渡取暨陽界至會稽山今
暨陽縣外有始皇祠宇乃經從之處徐廣注史記直
指以為在餘杭不知餘杭非江流之所經也公深以

書影八之五

補刊之記──癸酉修刊

斷當字分兩行希白善書者於此殆不可曉後

又有山谷評釋今長沙帖闕不存希白臨摹歲

月或云土人又私翻木版有絞可辨容齋隨筆

謂坡僊遺墨今藏其家有數字差異

盧陵帖

十卷亦祕閣前帖翻本皇祐中郡人蕭太博汝

噐暨其弟殿丞汝智相繼宰和之含山得丞相

劉楚公被賜閣帖翻摹入石攜歸鄉居後五十

年崇寧丙戌殿丞之子綸又自脩補訛闕中不

書影八之六

補刊之記——癸酉重刊

義之本情者禮樂之本也聖人唯欲道之達於天下是
以貴本今本在性而勿言是欲導其流而塞其源食其
實而伐其根也夫不以道之不明為言而以言之不及
為說此不可以明道而惑於言道不可以無言而迷於
有言者也
劉子曰君子小人之恥過也同欲善也同君子恥過而
攷之小人恥過而遂之君子欲善而自反也小人欲善
而自欺也其斯所以異乎雖桀紂未嘗不自多以無過
未嘗不好人之謂已善也吾以是效之君子小人之恥

書影八之七

補刊之記 ── 嘉慶戊寅重刊

賦詩藏之得藕云平生冰雪姿七星羅心胸豈無有緣

故藏之以詩取知於山谷嘗侍燕席以柈中果子分題

臨江詩人胡藏之葢彥明之子彥明與山谷進士同年

　　胡藏之詩

何處來

曉未開瘦節支我上蒼苔昔春襄前日去巳盡今日又從

絮爭飛啼鳥一聲春晚落花滿地人歸其一江上濃雲

今遺墨不存因錄以備忘其一天涯芳草盡綠路傍柳

紹興閒康伯可過臨江游憩力寺題二詩於松風亭壁

嘉慶戊寅重刊

書影八之八

補刊之記 —— 巳卯重刊

廷博案此處似有脫誤據蜀橋机云衍好私行恐人識之故令民間皆戴大帽而人以為泥首包羞之兆耳衍好燒香沈檀蘭麝之類芬馥氤氳竟夜不息既而厭之乃取皁角燒之其煙縱皆此類也初建立衍為嗣鑄銅鐘於佛寺虛懸之其聲洪遠乃詢其下曰吾立此鐘為立太子故也今聲洪遠是必東宮將來之慶俄而纔及八日其鐘殞地龍首擢落建聞之不懌衍襲偽位果八年而亡國衍之末年率其毋后等同幸青城至成都山上清宮隨駕宮人皆衣畫雲霞道服衍自製甘州曲辭親與宮人唱之曰畫羅裙能結束稱

五國故事

巳卯重刊

書影八之九

補刊之記——道光辛巳重刊

齊桓公小白雍林人襲殺齊君無知桓公之立發兵攻

魯心欲殺管仲鮑叔諫桓公從之乃佯為召管仲欲甘

心實用之管仲知之故往見桓公桓公序禮以為大夫

任政桓公既得管仲鮑叔隰朋高傒修政齊國連五家

之兵伐魯魯莊公請獻遂邑以平諸侯會桓公於甄而

桓公始霸焉山戎伐燕告急於齊桓公救燕遂伐山戎

至孤竹而還衛文公有狄亂告急於齊率諸侯城楚上

而立衛君伐蔡蔡潰遂伐楚楚盟而去狄伐陳夏會諸

侯於葵上周襄王賜桓公文武胙彤弓大輅是歲秦繆

書影八之十

補刊之記 —— 道光壬午重刊

唐郭敬之家廟碑陰

碑陰具述汾陽兄弟子孫始知汾陽兄弟九人皆列

大位不止史所稱幼明一人而已且汾陽封拜與史

小異錄具左方碑正書陰作行書不審亦出魯公否

觀其筆力似非魯公不能也

按碑陰子儀武舉及第授左衞長上改河南府城

皐府別將又攺同州興德府右果毅左金吾衞知

隊長上又攺汝州魯陽府折衝長上知右羽林軍

又遷桂州都督府長史克當管經畧副使又攺北

石墨銓華卷三

道光壬午重刊

書影八之十一

補刊之記——道光甲申修刊

蒲阪今次燬茲樓亦草萊如何三字大却到百變別屋

漏眞能爾霜嚴可畏哉道之當座右親手拂塵埃

次韻胡明仲見寄二首正論（胡示辯）

雙鳥鳴方盛公今遂著書浮雲供一掃直筆用三餘孔

孟揚韓道乾坤日月如平生擊姦手發蹤去自桐廬

其二

柳州非國語意态亂詩書去草絕根本立言推緒斷

疑先近似反己問何如歲晼飄零甚歸歟指微廬

歸自南華

滄上集卷二　道光甲申修刊

書影八之十二

補刊之記 —— 道光丙戌修刊

昭代人無棄遐方佳亦堪司分大火含官作世男南守

拙休心匠忘憂縱手談平生不喜開所欠一茅菴

其三

燈火光元夕歌呼亦盡歡欣聞雪霏白愁失荔垂丹老

酒蓮花麴甜魚藾葉鵼萬金書若到便可解憂端

其四

嶺外山川最天涯草木芳曾經五月狩俱被一琴薰韶

石靜張樂舜峰高出雲真同適儻見何異在齊聞

其五

書影八之十三

補刊之記——道光癸卯重刊

為隨州刺史不書為虔州觀碑所稱道與史所記其

人甚不相類當以退之言為正

易豫之九四斸盍簪王弼云盍合也簪疾也謂朋來之

速子美云盍簪喧儐馬列炬散林鴉以簪為冠簪之

簪按古冠有笄不謂之簪簪後人所名以彌言為是

也有詩云零落噬殘命蕭條託勝因方燒三界火遠

房融在草后時用事讁南海過韶之廣果寺今之靈鷲

洗六情塵隔嶺天花發袈空月殿新誰憐鄉國思終

此學分身融之文章見楞嚴經詩止此一篇李嶠沈

書影八之十四

補刊之記 —— 重刊

> 藉盃柈甚解作聰明顧言則嘘傳心事搔首踟躕散宿
>
> 醒最是徂徠名道地至今姦膽亦魂驚
>
> 丫頭嚴詩
>
> 嚴前壠閒題者甚多子獨愛鄉人彭仲衡思致高而無
>
> 著其詩云前峰號甌豈 一作 不 是甌近嚴謂月亦匪 一作 非 一作
>
> 月世開景幻語未眞說著了頭便凝絕蒼然頑石自天
>
> 成道傍過者皆含情我來於此發浩嘆乃知有色能傾
>
> 城
>
> 上元詞

書影九之一

嶺南重刊本之牌記

書影九之二

嶺南重刊本 —— 玉壺清話一書前之牌記

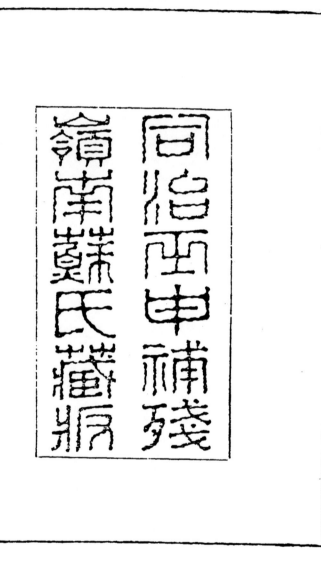

書影九之三

嶺南重刊本所記 —— 領南芸林仙館藏本

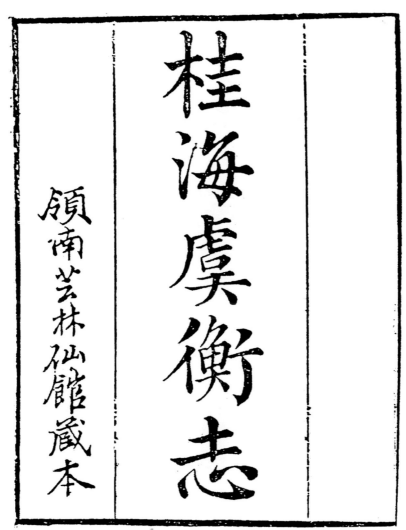

書影九之四

嶺南重刊本所記 ── 芸林仙館刊

書影九之五

嶺南重刊本所記──肆江盧氏重刊

書影九之六

嶺南重刊本所記 —— 領南盧氏重鐫

書影九之七

嶺南重刊本所記 —— 領南盧氏重刊

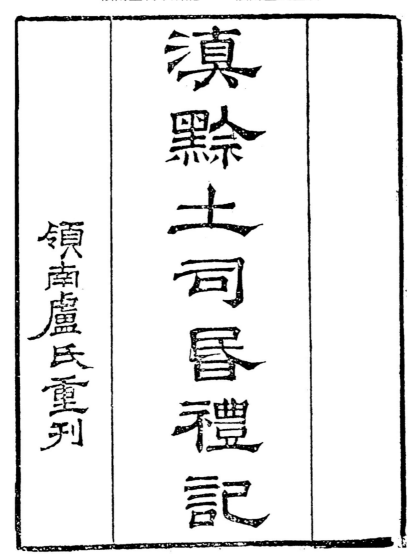

書影九之八

嶺南重刊本所記 —— 肄水盧氏重刻

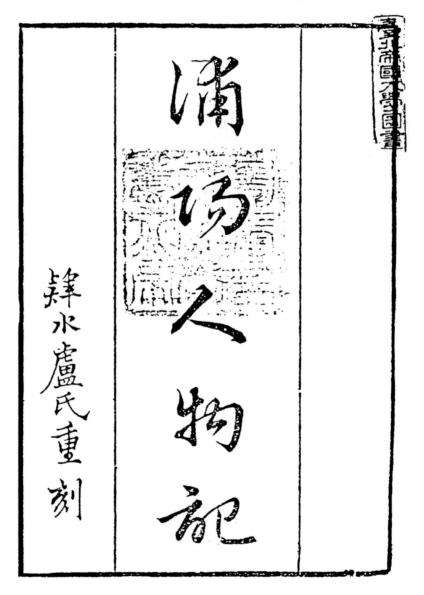

書影十之一

鮑氏初刻本字體清晰秀美

都南濠先生詩話序

詩話無慮數十家若鞠坡艇齋冷齋諸公皆其傑然

者而國朝元老雄竄集尤為精純會眾說而折其中

詩道畢矣偶得都公是集俯而讀仰而思知其學問

該博而用意精勤鉤深致遠而雅有樞要誠足以備

一家之體而與諸公並馳焉如讀太崇之詩而知貞

觀之治誦清碧之集而慨宋室之亡即王孟端感久客

之聚婦曹子建助老嫗之奸雄是又卿其人知其世

而艮有深意公之詩話大率類此非瑣瑣章句之末

南濠詩話序

卿不足齋正本

書影十之二

光緒嶺南重刊本字體生硬，與鮑氏初刻迴異

鄰南濠先生詩話序

詩話無慮數十家若鞠坡艇齋泠齋諸公皆其傑然
者而國朝元老籛堂集尤為精純會眾說而折其中
詩道畢矣偶得都公是集併而讀衞而思知其學問
該博而用意精勤鉤深致遠而雅有樞要誠足以備
一家之體而與諸公並馳焉如讀太宗之詩而知貞
說之治誦兩碧之集而慨宋室之亡王孟端感久客
之聚婦曹子建助老瞞之奸雄是又助其人知其世
而良有深意公之詩話大率類此非瑣瑣章句之末

書影十一

知不足齋叢書版式

聞見近錄　　　　　宋本重雕

柴世宗得天下劉崇自河東犯闕世宗將親征馮道力
諫止世宗曰太山壓卵耳何爲不可道曰陛下可謂
大山乎今皆宿將久處賓位氣方驕陛下卽位席未
暖求易使也世宗以道輕己卽日命駕出師次高平
過崇接戰世宗據高原下觀兵陣方接東北角奔西
北角次之王師敗績明日按軍不戰置酒軍中酒行
牽奔將七十二人斬蘇下卽坐中拜七十二人補之
左右股栗太祖皇帝實預補中明日再戰軍士不用

聞見近錄

知不足齋叢書

書影十二

下象鼻處記——知不足齋正本

庭副都護克四鎮經畧副使又除左威衛中郎將

轉右司禦率兼安西副都護改右威衛將軍同朔

方節度副使改定遠城使本軍營田使又加單于

副大都護東受降城使左廂兵馬使又拜右金吾

衛將軍兼判單于副都護又拜左武衛大將軍兼

安北副都護橫塞軍使本軍營田使又兼克天德

軍使安北副都護又兼豐州都督西受降城使右

廂兵馬使改衛尉卿兼單于安北副大都護靈州

刺史攝御史中丞權克朔方節度關內支度營田

書影十三

下象鼻處記——桐華館訂正本

畫筌

江上外史笪重光著

　　　　　虞山王翬石谷評

　　毘陵惲　格正叔評

繪事之傳尚矣代有名家格肉品殊考厥生平

率多高士凡爲畫訣散在藝林六法六長頗聞

要略然人非其人畫難爲畫師心踵習迄無得

焉聊攄所見輯以成篇纖計小談俟夫知者苑繪

流傳大都高人韻事寫其胸中夫山川氣象以

逸氣此言人與畫合眞爲定論　桐華館訂正本

書影十四之一

下象鼻處記——《古文孝經》書後之牌記

大清乾隆丙申春正月上浣歙縣長塘鮑氏家塾重雕

書影十四之二

《涉史隨筆》書後之牌記

乾隆乙未仲夏上澣歙西長塘鮑氏校刊于家塾

書影十四之三

《諸史然疑》書後記刊刻時間 —— 乾隆庚子季秋校正重刊

陳可謂無人矣深寧之論原其始造也
史通云陳晉姚察傳著辨著略記一卷今本察傳及隋
書經籍志皆無此記意者如幾所云其傳緯所撰耶

諸史然疑

乾隆庚子季秋校正重刊

書影十四之四

《猗覺寮雜記》書後記刊刻時間 —— 乾隆丙申九月鮑氏知不足齋校刊

請庚敳云處衆人中居然獨立后稷詩云居然生子

此其本也

康熙丙申六月借小山從汲古得本付鈔其本巳

爲義門校過兹再爲對校一過廿二日午刻畢

乾隆丙申九月鮑氏知不足齋校刊

猗覺寮雜記卷下

猗覺寮雜記巳

乾知不足齋叢書

書影十四之五

《隨手雜錄》書前記刊刻底本——曝書亭校本開雕

隨手雜錄　　　　　曝書亭校本開雕

江潾言馮悅御藥服伏火藥多腦後生瘡熱氣卅卅而

上幾不濟炙一道人教灸風市穴十數壯雖愈時時

復作又教馮以陰煉秋石以大豆卷濃煎湯下遂悉

平和其陰陽也陰煉秋石法余昔有之沈賜所傳是

也大豆卷法大豆於壬癸日浸井華水中候豆生牙

取皮作湯使之

江表誌云江南李氏進貢中國無虛月十數年開經費

將屓建隆初始申銅禁鑄泉貨當十又鑄唐國通寶

書影十四之六

《洛陽搢紳舊聞記》書後記刊刻底本
——乾隆丙申孟春借吳氏池北草堂校本開雕

水泉謂之龍卵漢青射蛟江水中注峻狀如斯揚玗生
項下有白歟則所得之卵蛟卵也黃門入作使趙名失其
愁作徒腎功余居洛下皆當昨親所聞見之非也故書
丁亥臘月十有七日燈下校後四日立春有
詔戊子改元紹定炎
乾隆丙申孟春借吳氏池北草堂校本開雕

洛陽搢紳舊聞記第五

洛陽舊聞記卷五

知不足齋叢書

書影十四－之七

孫子算經書名頁記《仿宋雕本》

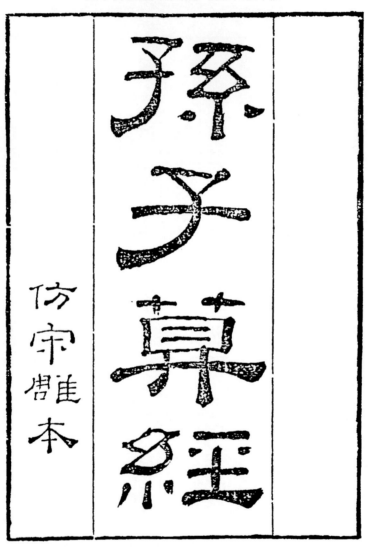

書影十五

《五曹算經》書後之重校之記 —— 乾隆癸卯仲春重校一過知不足齋記

乾隆癸卯仲春重校一過知不足齋記